# EL OCASO DE LOS ÍDOLOS

AUSTRALSABIDURÍA

## BIOGRAFÍA

Friedrich Nietzsche (Röcken, 1844 - Weimar, 1900) está considerado uno de los filósofos más influyentes del siglo XIX. Su temprana genialidad intelectual (publicó *El origen de la tragedia* antes de los treinta años) suscitó la hostilidad de los medios universitarios y académicos. También desde muy pronto lo acosó una enfermedad que no lo abandonó hasta el dramático colapso que sufrió en Turín en 1889, al que siguieron diez años de silencio hasta su muerte. Fustigador de los «ídolos» de la existencia humana, autor de obras fundamentales como *Así habló Zarathustra*, *Genealogía de la moral* o *Ecce Homo*, Nietzsche fue, por encima de todo, el postulador de conceptos insoslayables como el eterno retorno, el superhombre o la muerte de Dios.

# FRIEDRICH NIETZSCHE

# EL OCASO DE LOS ÍDOLOS

**Edición, prólogo y traducción**
Roberto Echavarren

TUSQUETS
EDITORES

Título original: *Götzen-Dämmerung oder Wie man mit dem Hammer philosophiert*



Diseño de la colección: Austral / Área Editorial Grupo Planeta
Primera edición en Austral: octubre de 2015
Primera edición en esta presentación: septiembre de 2025

Depósito legal: B. 13.332-2025
ISBN: 978-84-1107-668-5
Composición: Realización Planeta
Impreso en España

## ÍNDICE

# Prólogo

«Nuestra alienación va hasta las raíces. Descubrir esto es el punto de partida esencial de una reflexión seria sobre cualquier aspecto de la vida interhumana presente. Visto desde distintas perspectivas; construido de modos diferentes y expresado con vocablos distintos, este descubrimiento une hombres tan diversos como Marx, Kierkegaard, Nietzsche, Freud, Heidegger, Tillich y Sartre.» (R. D. Laing, *The politics of experience*, Penguin, 1967). Nietzsche se denomina a sí mismo psicólogo. Como tal, «experimenta» el comportamiento de los hombres de su época en todo lo que tiene de *mimicry*, de máscaras y defensas; lo que él también llama «espíritu», que tiende a impedir una real «experiencia» de nosotros por los demás y de los demás por nosotros. Defiende el coraje de actuar y pensar de acuerdo a lo que «sabemos», es decir, de actuar de acuerdo al instinto a pesar y en contra del proceso de alienación que la sociedad opera sobre nosotros. Por eso su moral no es una moral, sino más bien la destrucción de toda idea de moral; la moral diseca al yo, lo vuelve olvidadizo de sí mismo, lo transforma en un fragmento disecado de lo que él puede ser. La tarea del «psicólogo» no es, pues, como la del moralista, transformar al hombre en «sepulcro blanqueado», sino revelarlo a sí mismo, llevarlo a afirmarse con fervor dionisíaco en todo el horror y todo el gozo de sí mismo.

Friedrich Nietzsche (1844-1900) escribió *El ocaso de los ídolos* o *Cómo se filosofa con el martillo* al comienzo del otoño de 1888, en la época que él considera la más fecunda de su vida: «Jamás había vivido un otoño como este, ni creí que algo así fuese posible sobre la tierra —un Claude Lorrain transportado al infinito, cada día de la misma perfección insuperable—» *(Ecce Homo)*. En muy pocos días fue completado el libro, al mismo tiempo que preparaba la *Transmutación de todos los valores*, obra que no fue terminada nunca ya que solo tres meses después, en diciembre, le sobrevino la parálisis que traería como consecuencia un estado de incapacidad mental del que no se habría de reponer. *El ocaso de los ídolos* nos revela a un Nietzsche maduro, dueño de su pensamiento, de las radicales implicaciones de ese pensamiento. «Este escrito, que no llega a 150 páginas, con su estilo a la vez sereno y fatal, es como un demonio que ríe. Fue escrito en tan pocos días, que no me atrevo a decir su número. Es el libro excepcional por excelencia: no hay nada más sustancioso, independiente, revolucionario y maligno. Si alguien quiere hacerse, en brevedad, una idea de cómo, delante de mí, todo estaba boca abajo, que comience por leer este escrito. Lo que el título refiere como "ídolos" es, simplemente, lo que hasta ahora ha sido llamado verdad. *Ocaso de los ídolos* quiere decir: fin de la vieja verdad» *(Ecce Homo)*.

Hay que entender de una vez por todas la vastedad de la empresa de Nietzsche. No se trata de extirpar errores particulares del pasado: se trata de trastocar el sistema, por el cual una «verdad» pasaba a ser considerada como tal; de afectar a la base misma de nuestro pensamiento, de nuestra moral, que han sido construidos sobre el «resentimiento» hacia la vida, sobre el rechazo de la vida, la básica, primordial, que condiciona el sentido de nuestro lenguaje, de todas nuestras actitudes; ese resentimiento constituye la «interpretación» por excelencia de la vida. Nietzsche nos propone otra interpretación, también total, radical, infinita, cuya tarea es dar a cada vocablo un sentido opuesto. En un artículo de Michel Foucault (*Eco*, Colombia, 1969) se destaca el carácter «interpretativo» de la obra de Nietzsche, que, junto con la de Freud y Marx, denuncia los enmascaramientos del lenguaje y transforma la aparente «profundidad» en mera superficie. Corresponde a Nietzsche, Freud y Marx el haber descubierto que ningún signo es en sí mismo una constatación inocente, sino que constituye, supone, una interpretación. Desde el momento en que se maneja el lenguaje, no puede pensarse en interpretación de «hechos», sino, siempre, en la interpretación de otra interpretación. «El signo, al adquirir esta función nueva de encubridor de la interpretación, pierde su ser simple de significante... su espesor propio parece abrirse y entonces pueden precipitarse en la abertura todos los conceptos negativos que eran hasta entonces extraños a la teoría del signo. Este no conocía sino el momento transparente y apenas negativo del velo. Ahora podrá organizarse en el interior del signo todo un juego de conceptos negativos, de contradicciones, de oposiciones, en fin... un juego de fuerzas reactivas» (M. Foucault, art. cit.). Nietzsche, pues, reinterpreta. La tarea de la interpretación es infinita. El fijismo del signo, de la letra, mata. La salvación consiste en descubrir la violencia de una interpretación tras la aparente objetividad del lenguaje y, por lo tanto, reinterpretarla. El revivir lo ya pensado es, simplemente, volverlo a pensar.

Con el lenguaje hemos heredado, pues, una interpretación de la realidad. La estructura del lenguaje se vuelve estructura de la realidad. No nos damos cuenta de que el lenguaje nos presenta las soluciones de antemano. Usando el lenguaje sin pensarlo, sin destruirlo, usando el lenguaje sin examinarlo, como mero medio de comunicación, lo comunicado no será nuestro pensamiento, sino el pensamiento ya incluido en el lenguaje. «El lenguaje ve por todas partes actores y acción: así se origina la creencia de que la voluntad es la causa por excelencia; de que el "Yo" es ser y es sustancia, lo que es posteriormente proyectado sobre todas las cosas (con la creación misma del concepto "cosa"). El ser es considerado en todo momento como causa primera, es presupuesto; de la concepción del «Yo» se sigue en primer lugar, como derivativo necesario, el concepto de "ser"» (*El ocaso de los ídolos*, pág. 47). De un análisis del lenguaje se desprenden todos los errores de la filosofía. Las «realidades últimas» son realidades impuestas por el lenguaje. La obra de los filósofos ha sido la de prolongar, extender, volver perdurables los errores del lenguaje. Nietzsche fue el primero en situar los problemas lógico-metafísicos a un nivel propiamente lingüístico. Las nociones de *ideología* en Marx y de *superyó* en Freud están conectadas con la reflexión nietzscheana en cuanto conciben no a los *sentidos* («...los sentidos... no mienten», págs. 44-45), sino al *lenguaje* como mediador entre nosotros y la realidad. «El error del ser... tiene a su favor cada palabra, cada frase que pronunciamos» (pág. 48). «Temo que no nos libraremos de Dios en tanto sigamos creyendo en la gramática» (pág. 48). El lenguaje es el cómplice de nuestros errores, el lenguaje es la *casa* de los errores.

La moral no es, en definitiva, sino la creencia en el lenguaje. La moral consagra, momifica la interpretación, la transforma en signo. La moral ignora la distancia entre el signo y lo significado. «El juicio moral pertenece, con el religioso, a un grado de ignorancia en el que falta hasta el concepto de lo real, o la distinción entre lo real y lo imaginario; de modo que "verdad" en semejante grado significa simplemente cosas que hoy llamamos "imaginaciones"» (pág. 73). El juicio moral surge de la confusión entre estructura del lenguaje y estructura de la realidad, es por eso que *«los hechos morales no existen»* (pág. 73). Para Nietzsche la moral, basada en una actitud fundamental de «resentimiento» hacia la vida, reconoce tres etapas: la socrática, la cristiana y la nihilista (Schopenhauer). Las tres pretenden negar el instinto, negar la vida, arrancar de raíz el impulso de la fecundidad. Pero todas las formulaciones morales tienen para el *psicólogo* un valor precioso; a través de ellas puede llegarse a un conocimiento válido, siempre que se atienda no a lo que dicen sino a lo que ocultan. Quien advierta la fundamental *ambigüedad* del signo, sabrá discernir en él lo que enmascara y lo que revela. «El juicio moral no puede nunca ser tomado al pie de la letra: como tal no contiene más que un contrasentido. La moral es... un lenguaje de signos, simple sintomatología» (págs. 73-74). El juicio moral es para Nietzsche «imaginaciones» en un sentido parecido a como el *sueño* lo era para Freud. Pero dichas «imaginaciones» son la materia misma sobre la que se basa la tarea de reinterpretación, la *lectura* de los *síntomas*. «Juicios y prejuicios sobre la vida, pro y contra, en último análisis no son nunca verdaderos; tienen el valor de síntomas, y como síntomas deben ser tratados, en sí mismos no son más que estupideces. Es preciso extender la mano y palpar esta sorprendente *finesse*: el valor de la vida no puede ser apreciado» (pág. 36).

¿Qué es entonces los que nos permite cualquier crítica del lenguaje y por consiguiente de la moral? ¿No es esta última afirmación de Nietzsche una afirmación nihilista? ¿Qué respaldo puede tener cualquier nueva «interpretación? Por qué sustituiría a la anterior si «el valor de la vida no puede ser apreciado»? Lo que valida una interpretación es la «experiencia», la vida, el instinto, la voluntad concebida como afirmación instintiva de la vida. Pero la dificultad en Nietzsche es que una vez destruido uno de los términos el otro deja de existir como tal: al renunciar a la metafísica del lenguaje («verdadero mundo» para los filósofos) tenemos que reformular el concepto de *realidad* («mundo aparente» según los filósofos). «El verdadero mundo ha sido destruido por nosotros: ¿qué mundo queda?, ¿el aparente tal vez?... ¡En absoluto! Con el mundo verdadero hemos destruido también el aparente» (pág. 52). A cada martillazo a la razón, por lo tanto, es necesario «rehacer» el instinto; por eso *El ocaso de los ídolos*, como toda la escritura de Nietzsche, como toda moderna «interpretación», es una serpiente que se muerde la cola: los martillazos destruyen todo el edificio, pues los martillazos no destruyen hechos, sino lenguaje. La única salida es «hablar de experiencia con el lenguaje de la experiencia», según la máxima de R. D. Laing (*op. cit.*, pág. 102) o «comenzar la educación por el cuerpo» como señala repetidamente Nietzsche en el presente libro.

La moral es hija del lenguaje y madrastra de la experiencia: pretende negar la experiencia, arrancarla de cuajo, castrarla. La moral es la sacralización del signo, es (como en el caso de Sócrates, pág. 35 y siguientes) la superafectación del intelecto y la atrofia del instinto. Para combatir la moral, que no es sino una versión del reposo del lenguaje sobre sí mismo, de la parálisis del lenguaje, Nietzsche exalta el instinto: «Mediante su naturaleza salvaje, el hombre se libra de la no naturaleza, de la espiritualidad...» (pág. 26). Pero la moral, a su modo es una expresión de la fuerza de la vida, solo que utiliza esa fuerza para negar a la vida; es una fuerza reactiva, negativa. La moral niega aquello mismo que le está dando existencia, niega la vida. Pero el hecho mismo de que sea, mal que bien, «expresión» de la vida, le otorga su valor *sintomático*, la hace pasible de interpretación. A la vez, toda moral es esencialmente *hipócrita* en el sentido de que niega la vida que la engendra. «Para expresarlo en una fórmula diremos: todo medio a través del cual la humanidad ha sido moralizada hasta ahora fue, en el fondo, inmoral» (pág. 78). El doble carácter *sintomático* e *hipócrita* de la moral brota, pues, del hecho de que ella está condicionada, o es expresión de una *fuerza* de la vida, de una *voluntad de poder* que, impedida de expresarse afirmativamente, se tiñe de una cualidad o sentido negativo.

Con respecto a lo cual señala Eduardo Ovejero y Maury: «Aun distanciado de su antiguo maestro (Schopenhauer), más que por la doctrina, por el "humor" con que la sentía, Nietzsche no puede negar su genealogía. La diferencia está en que, aun reconociendo ambos que la esencia de la vida reside en el impulso voluntarista, Schopenhauer estudia la voluntad... como una monstruosidad cósmica que se convierte en tormento de los organismos vivos, por lo cual fatalmente se encamina hacia el ascetismo nihilista, hacia el nirvana búdico, mientras que en el discípulo rebelde, la voluntad es la fuerza mágica que nos ha de conducir al superhombre, siempre que le arranquemos sus disfraces hipócritas y sus perversos resabios. La voluntad solo por un extravío puede conducirnos al nihilismo. Es una fuerza tan poderosa que, cuando encuentra obstáculos, en lugar de paralizarse, se vuelve contra sí misma. Antes que no querer, quiere la nada» (prólogo al tomo IV de las *Obras completas* de Nietzsche, Aguilar, 1932). Obsérvese la innegable similitud que, por momentos, se descubre entre la *voluntad de poder* y la *libido* freudiana. ¿Qué debe entenderse por *voluntad de poder* y cuál es la diferencia entre esta y el *concepto* de *voluntad* tal cual lo definen los moralistas? «Se ha despojado de su inocencia al devenir si se lo reduce de cualquier modo a voluntad, a intenciones, a actos de responsabilidad: la teoría de la voluntad fue esencialmente inventada para fines de castigo, es decir, por el deseo de encontrar culpables» (pág. 70). El autor se refiere aquí a la voluntad como *decisión* moral de coartar el instinto. La *voluntad de poder*, para Nietzsche, no es antropomórfica en el sentido de que no es *responsable*; pero el hombre mismo no es antropomórfico en el sentido de que, en su auténtica naturaleza dionisíaca, no responde al esquema trazado por una tradición de lenguaje, de filosofía y de moral. El hombre (o el superhombre) tal cual lo entiende Nietzsche *no es responsable*, de acuerdo a un supuesto «libre arbitrio» del intelecto, ni «maestro» de sus instintos; estos siempre lo gobiernan, ya sea como fuerzas reactivas (en el caso del hombre «moral» que niega la vida), ya como fuerzas afirmativas (en el caso del hombre dionisíaco, del superhombre). La *voluntad de poder* es, pues, en contraposición al vacío concepto de los moralistas, la *cualificación* que, *dentro* de la fuerza del instinto, le otorga un carácter *dominante afirmativo o negativo*. Entendido así, el hombre ya no es antropomórfico (espiritual) sino *natural*, compañero, partícipe de las fuerzas de la naturaleza. La distinción entre hombre y naturaleza deja de existir, no en un sentido rousseauniano (que es el último extremo de la visión moral, ya que no solamente castra al hombre, sino que pretende también castrar a la naturaleza), sino a través de la «naturalización» del hombre dionisíaco, a través de la aceptación, de la asunción de la fecundidad *terrible* de la vida (terrible, porque implica los «dolores de la parturienta», pág. 150). La *voluntad de poder* es, en definitiva, la «voluntad de vivir» (pág. 150) presente en todo lo que existe y que Nietzsche descubre en los misterios dionisíacos.

La visión tradicional intenta captar a los griegos a través de su filosofía, especialmente a través del *logos* socrático. Para Nietzsche, en cambio, la filosofía griega en general y Sócrates en particular son fenómenos de decadencia. Cuando los griegos se volcaron a la elaboración de una filosofía y de una ética, ya estaban «cansados» y «acobardados». La búsqueda de un logos en el lenguaje, de una regla áurea que zanje los conflictos y fije las interpretaciones y las actitudes, que fuerce, consagre ciertas interpretaciones y excluya otras, implica cegar la fuerza dionisíaca, fijar el signo en una artificial coherencia interna. Nietzsche en cambio considera que la idiosincrasia de los griegos, y su auténtico valor, es Dioniso, dios que se expresa a través de la tragedia. En la tragedia no habría purificación a través del terror (Aristóteles) ni rechazo de la vida (Schopenhauer), sino afirmación, asunción valiente de las contradicciones de la vida (Nietzsche). La tragedia representa la lucha por el nacimiento, por la fecundidad; es la inquietud contra el estatismo del signo. Es un cuestionamiento del signo basado en una aceptación de la vida. Para iniciar y mantener esta lucha que está por sobre las fuerzas humanas hay que ser fuertes, hay que ser duros, y de ahí la llamada de Zarathustra.

El *logos* socrático prosigue un camino triunfante a través de los siglos. Filósofos como Descartes tienden a establecer verdades «claras y distintas» que no son más que verdades de lenguaje. «El filósofo apresado en los filamentos del lenguaje», dice Nietzsche en *Das Philosophenbuch* (Aubier, París, 1969, pág. 117). Dicha búsqueda de la coherencia anticipa el lenguaje científico. Nietzsche propone a la filosofía una tarea diferente; la filosofía sería «*no para el pueblo, no, por lo tanto, la base de una cultura*, sino exclusivamente el instrumento de una cultura en contra: a) del dogmatismo de las ciencias; b) de la confusión de imágenes que producen las religiones míticas en el seno de la naturaleza; c) del extravío ético a través de las religiones» (*Das Philosophenbuch*, pág. 164). El primer tipo de filosofía (Sócrates, Descartes, etc.) constituye una instancia organizadora (institucional); el segundo (Nietzsche), una instancia liberadora (y por lo tanto, un proceso dentro del cual el hombre es libre). La filosofía es instrumento (martillo) crítico contra los factores alienantes de una cultura. El filósofo que no busca organizar el lenguaje (sistema) sino cuestionarlo, es un superhombre, el fuerte por excelencia, pues debe librar una doble batalla: contra sí mismo (contra su interiorización del lenguaje institucional) y contra los demás hombres (la gran masa de los débiles, la medianía que asedia desde fuera con sus moldes de lenguaje institucional). Buscar los orígenes del lenguaje, trazar una arqueología del saber, volverse así conscientes de todo el no saber, de toda la sinrazón que la aparente razón del lenguaje oculta. Esta es una tarea sobrehumana, en la cual el fuerte es siempre (parcialmente) derrotado, por eso es necesario proteger al fuerte contra los débiles. «Los débiles gravitan cada vez más sobre el poderoso señor. El poder está constituido por el gran número. Ellos son también los más hábiles... Darwin olvidó el espíritu (esto es inglés), y los débiles tienen más espíritu» (*El ocaso*, pág. 101). Por espíritu debe entenderse aquí la consistencia de una cultura, de sus verdades aceptadas.

El filosofar es la tarea del solitario, del superhombre. Pero al mismo tiempo es una tarea de combatiente: «Nada más lejano a los griegos que las telarañas de conceptos de un solitario... La filosofía según Platón podría definirse más bien como un combate erótico...» (pág. 108). El solitario no debe estar aislado; la filosofía nace de la confrontación. Se mueve, sin embargo, en una zona de tensión extrema, en que el lenguaje y el no lenguaje se encuentran y desencuentran: «De lo que tiene palabra, ya estamos fuera» (pág. 111); «No nos estimamos lo suficiente cuando nos comunicamos» (pág. 111).

«Se estaba en peligro: o hundirse o volverse absurdamente razonable.» Esa es la alternativa del superhombre; en los dos casos pierde.

Terminaré con algunas observaciones acerca del estilo de Nietzsche. Su escritura es fragmentaria. Los fragmentos no están unívocamente hilados; muchas veces el salto de uno a otro parece abrupto, antojadizo; sus fragmentos no están hilados porque hilar equivale a *cerrar*, el *continuum* asegura la tiranía del lenguaje impenetrado.

Pero si bien pueden aparecer separados desde un punto de vista temático, no lo están en cuanto a la preocupación de fondo, a la intención: «Nos constriñe en todo momento a correr hacia el sol... A tal fin, todo medio es bueno, todo "azar" un caso afortunado» (pág. 23). No están separados en cuanto a la intención *original*: toda línea de esta escritura inicia, toda línea es «iniciación». Hay en todo momento una intención de comienzo absoluto; se comienza y se recomienza; no hay comienzo *à proprement parler*, tampoco hay término —el libro está tan poco terminado al principio como al fin—. El movimiento es circular, cada fragmento puede relacionarse, conducir a cualquier otro; las implicaciones, connotaciones, relámpagos de intuición (intuición concreta, fragmento conciso) *unen*. También contrastan, parecen contradecirse, se sacan chispas. Potencialmente cada uno puede relacionarse con todos. La unión *actual* exige, sin embargo, el trabajo *efectivo* del lector, para repensar y rearmar, articular y desarticular a Nietzsche.

ROBERTO ECHAVARREN

# El ocaso de los ídolos

# Prefacio

No es poca habilidad que conservemos nuestra serenidad en medio de ocupaciones oscuras y desmesuradamente llenas de responsabilidad, y sin embargo, ¿hay algo más necesario que la serenidad? Nada se logra si no tiene a su favor una alegría orgullosa. Únicamente el exceso de fuerza es la prueba de la fuerza.

Una trasmutación de todos los valores, este punto de interrogación tan negro, tan monstruoso, que arroja sobre el que lo escribe semejante fatalidad de deberes, nos constriñe en todo momento a correr hacia el sol, a sacudir toda seriedad gravosa, demasiado gravosa. A tal fin, todo medio es bueno, todo «azar» un caso afortunado. Ante todo, la guerra. La guerra fue siempre la gran sabiduría de todos los espíritus que se adentran demasiado, que se hacen demasiado profundos; también en la herida se encuentra un remedio. Una sentencia, cuyo origen oculto yo a la curiosidad de los doctos, fue largo tiempo mi divisa:

*Increscunt animi, virescit volnere virtus.*

Otra cura, en ciertos casos aún más deseada por mí, consiste en sorprender los secretos de los ídolos... Hay en el mundo más ídolos que realidades; esta es mi «mala mirada» para este mundo, y también mi «mal oído». Preguntar aquí una vez con el martillo, y escuchar como respuesta aquel famoso sonido vacío que emana de las vísceras hinchadas; aquel encanto para un hombre que detrás de las orejas tiene otras orejas, para mi viejo psicólogo y cazador de ratas, para el cual habla en voz alta precisamente lo que debería permanecer silencioso...

También esta obra, como su título revela, es ante todo un alivio, una mancha solar, un salto en el ocio dado por un psicólogo. ¿No será también una nueva guerra? ¿Y no deberán revelar su secreto nuevos ídolos?... Este breve escrito es una gran declaración de guerra; y por lo que se refiere a espiar los secretos de los ídolos, los que aquí son golpeados con el martillo para que den sonido no son ídolos temporales, sino ídolos eternos; no hay ídolos más antiguos ni más convencidos ni más soplados... Y, sin embargo, en el mejor de los casos, ni siquiera son llamados ídolos...

Turín, 30 de septiembre de 1888, el día
en que fue terminado el primer volumen
de *La transmutación de todos los valores.*

FRIEDRICH NIETZSCHE

## Sentencias y dardos

1

El ocio es el comienzo de toda psicología, ¿sería, pues, un vicio?

2

Aun el más valiente de nosotros rara vez tiene valor para enfrentarse a lo que realmente sabe.

3

Para vivir solo, hay que ser un animal o un dios —dice Aristóteles—. Falta tomar en cuenta una tercera posibilidad: ser lo uno y lo otro a la vez: un filósofo...

4

«Toda verdad es simple.» ¿No es esta una doble mentira?

5

Yo quiero, de una vez para siempre, no saber muchas cosas. La sabiduría traza límites también al conocimiento.

6

Mediante su naturaleza salvaje, el hombre se libra de la no naturaleza, de la espiritualidad...

7

¿Cómo? ¿El hombre es un error de Dios? ¿O Dios un error del hombre?

8

De la escuela militar del vivir: lo que no me destruye me hace más fuerte.

9

Ayúdate a ti mismo y todos te ayudarán. Principio de amor al prójimo.

10

No debemos traicionar nuestros propios actos, poniéndolos en jaque. El remordimiento es cosa inconveniente.

11

Un asno, ¿puede ser trágico? Sucumbir bajo un peso que no se puede llevar ni soltar, este es el caso del filósofo.

12

Si se tiene un ¿por qué? de la vida, es fácil condescender con los ¿cómo? El hombre no tiende a la felicidad; solo los ingleses se dedican a eso.

13

El hombre ha creado a la mujer, sacándola ¿de dónde? De una costilla de su Dios, de su «ideal»...

14

¿Qué? ¿Tú buscas? ¿Te querrías multiplicar por diez, por cien? ¿Buscas discípulos? ¡Busca ceros!

15

Los hombres póstumos —yo, por ejemplo— son peor comprendidos que los hombres actuales, pero mejor escuchados. Con más rigor: nunca nos comprenden, y de ahí nuestra autoridad.

16

Entre mujeres. «¿La verdad? ¡Ah, ellos no conocen la verdad! ¿No es esta un atentado a todos nuestros pudores?»

17

He aquí un artista como a mí me gustan los artistas: modesto en sus necesidades; en realidad, solo quiere dos cosas: su pan y su arte, *panem et circem*...

18

El que no sabe poner su voluntad en las cosas, pone en ellas por lo menos un «sentido», es decir, cree que en ellas hay una voluntad (principio de la «fe»).

19

¿Cómo? ¿Habéis elegido la virtud y el pecho inflado, y todavía miráis de reojo el provecho de los hombres sin escrúpulo? Pero la virtud ignora el «provecho» (escrito en la puerta de un antisemita...).

20

La mujer perfecta hace literatura como si cometiese un pequeño pecado: a título de tentativa, de paso, mirando en torno por si alguno la observa, y para que alguno la observe...

21

«Los hombres malos no tienen canciones.» ¿Y cómo los rusos tienen?

22

No debemos ponernos en tal situación que no tengamos derecho a profesar virtudes aparentes, y en las que, como el bailarín sobre la cuerda, o se caiga, o se tenga derecho o se salve...

23

«Espíritu alemán»: desde hace dieciocho años, una *contradictio in adjecto.*

24

Buscando orígenes se convierte uno en cangrejo. El historiador mira hacia atrás; termina por creer también hacia atrás.

25

La satisfacción nos protege hasta de los resfriados. ¿Se constipó jamás una mujer que supiese que estaba bien vestida? Ni aun en el caso de que estuviese apenas vestida.

26

Desconfío de todos los sistemáticos y los evito. El gusto por el sistema es una falta de probidad.

27

Se considera profunda a la mujer. ¿Por qué? Porque en ella no se llega nunca al fondo. Pero no es ni siquiera superficial.

28

Cuando una mujer tiene virtudes viriles, hay que huir de ella; si no las tiene, ella misma huye.

29

«¡Cuántas cosas tenía que morder la conciencia en otro tiempo!, ¡qué buenos dientes tenía! ¿Y hoy? ¿Qué es lo que le falta?» Pregunta de un dentista.

30

Rara vez se comete una sola imprudencia. En la primera imprudencia se va siempre muy lejos. Precisamente por esto es por lo que se suele cometer la segunda, y entonces nos quedamos cortos...

31

El gusano pisado se retuerce. Esa es su sabiduría. Haciendo esto disminuyen las probabilidades de volver a ser pisado. En el idioma de la moral, esto se llama humildad.

32

Hay algunos que odian la mentira y la simulación, por un concepto exigente del honor; otros por demasiado viles, ya que la mentira es prohibida por un mandamiento divino. Son demasiado viles para mentir...

33

¡En qué poco consiste la felicidad! Basta el sonido de una cornamusa. Sin música, la vida sería un error. El alemán se imagina que es Dios cuando canta.

34

*On ne peut penser et écrire qu'assis* (G. Flaubert). Con estas palabras te denuncias, ¡oh nihilista! La carne sentada es precisamente el pecado contra el Espíritu Santo. Solo los pensamientos en marcha tienen valor.

35

Hay cosas en que somos como los caballos, nosotros los psicólogos, y nos sentimos agitados; vemos nuestra propia sombra ondear delante de nosotros. El psicólogo debe dejar de verse a sí mismo para poder ver.

36

Nosotros los inmoralistas, ¿hacemos daño a la virtud? Tan escaso como los anarquistas a las testas coronadas. A partir de que han disparado contra ellos, los príncipes se pueden sentar firmes en su trono. Moraleja: disparar contra la virtud.

37

¿Tú precedes? ¿Como pastor o como excepción? ¿O tal vez como fugitivo? Primer caso de conciencia.

38

Eres sincero o solo un comediante? ¿Representas algo o eres la misma cosa representada? Al fin, tal vez seas simplemente la imitación de un comediante... Segundo caso de conciencia.

39

Habla el desengañado. Yo buscaba grandes hombres y he encontrado simplemente la parodia de un ideal.

40

¿Eres un hombre que mira? ¿O que toca? ¿O tuerces la vista y te apartas? Tercer caso de conciencia.

41

¿Quieres ir con los demás? ¿O más adelante? ¿O caminar solo? Cuarto caso de conciencia.

42

Esos para mí fueron escalones; yo me elevé sobre ellos, para lo cual tenía que pasar sobre ellos. Pero ellos creyeron que yo quería sentarme sobre ellos para descansar.

43

¿Qué importa que yo tenga razón? Yo tengo demasiada razón. Y el que hoy ríe más, también reirá el último.

44

La fórmula de mi felicidad: un sí, un no, una línea recta, una finalidad.

## El problema de Sócrates

### 1

Sobre la vida, los más sabios han pronunciado siempre el mismo juicio: «No vale nada». Siempre y sobre todas las cosas, se ha oído en sus labios ese mismo eco lleno de duda, melancolía y cansancio, lleno de resistencia contra la vida: «Vivir significa estar enfermo por una temporada; le debo un gallo a Esculapio por mi curación». El mismo Sócrates, un cansado de vivir.

¿Qué se demuestra con esto? En otro tiempo se dijo (sí, se dijo, y bastante fuerte, y antes que nuestros pesimistas): «Aquí en todo caso debe haber algo de verdad». ¿Hemos de decir nosotros lo mismo? ¿Tenemos derecho a decirlo? ¿El *consensus sapientium* demuestra la verdad? «Aquí, en todo caso, debe haber algo enfermizo.» Nosotros respondemos: a estos sapientísimos de todos los tiempos habría que verlos, ante todo, de cerca. ¿Acaso no estaban ellos bien firmes sobre sus piernas? ¿O eran tardos? ¿O temblones? ¿O decadentes? ¿Acaso la sabiduría en la tierra no se parece a un cuervo a quien le entusiasma un poco de olor a carroña?

2

En mí, esta irreverencia de creer que los grandes sabios son tipos de decadencia surgió por primera vez, realmente, en un caso en que a tal irreverencia se opone del modo más absoluto el prejuicio de los doctos y de los indoctos; yo reconocía que Sócrates y Platón son síntomas de decadencia, instrumentos de la descomposición griega, antigriegos (cf. *El origen de la tragedia*). Aquel *consensus sapientium* no demuestra en modo alguno que tuviesen razón en las cosas en que estaban de acuerdo; demuestra, antes bien, que aquellos sabihondos tenían en común algún elemento fisiológico que les inducía a tomar posición negativa frente a la vida, a «deberla tomar». Juicios y prejuicios sobre la vida, pro y contra, en último análisis no son nunca verdaderos; tienen el valor de síntomas, y como síntomas deben ser tratados, en sí mismos no son más que estupideces. Es preciso extender la mano y palpar esta sorprendente *finesse*: el valor de la vida no puede ser apreciado. No puede ser apreciado por nosotros, vivientes, porque un vivo es parte en la causa, objeto de disputa y no juez. Y los muertos tampoco juzgan, ya se sabe. El que un filósofo se plantee el problema del valor de la vida es ya una objeción contra dicho filósofo, una puesta en duda de su sabiduría, una falta de sabiduría. Pero entonces: ¿es que todos esos sabios no son más que unos decadentes? ¿Es que ni siquiera fueron sabios? Pero quedémonos en el problema de Sócrates.

3

Sócrates era del más bajo origen. Plebe. También se sabe que era horroroso. La fealdad, que para nosotros es ya una objeción, para los griegos era casi una refutación. Y aún podemos preguntar: ¿era Sócrates griego? La fealdad deriva frecuentemente de un cruce o mestizaje. En otros casos, de la decadencia. Los criminalistas antropólogos nos dicen que el delincuente típico es feo: *monstrum in fronte, monstrum in animo*. Pero los delincuentes ¿son decadentes? ¿Fue Sócrates el delincuente-tipo? Se refiere que un extranjero que entendía de rostros, pasando por Atenas, dijo a Sócrates cara a cara que era un monstruo, que albergaba dentro de sí los peores vicios e inclinaciones. Sócrates se limitó a responder: «Me conocéis, señor».

4

Lo decadente en Sócrates está revelado no solo por la disolución y confesada anarquía de los instintos sino también por la superfetación de lo lógico y aquella malignidad de raquítico que lo distinguía.

No hay que olvidar tampoco aquellas ilusiones del oído, interpretadas en un sentido religioso como el «demonio» de Sócrates. Todo en él era exagerado, bufo, caricatura. Todo era al mismo tiempo oculto, repleto de equívocos, subterráneo. Yo trato de discernir de qué idiosincrasia proviene aquella ecuación socrática: razón = virtud = felicidad; aquella ecuación, la más extravagante que ha existido, que tiene particularmente contra sí todos los instintos de los antiguos helenos.

## 5

Con Sócrates, el gusto griego se corrompe en favor de la dialéctica; un gusto más noble es vencido: con la dialéctica, la plebe prepondera. Antes de Sócrates, en la buena sociedad se rechazaban los procedimientos dialécticos, considerados como inconvenientes y comprometedores. Se prevenía a la juventud contra ellos. Las cosas honestas, como los hombres honrados, no llevan sus razones tan al alcance de la mano. Es indecente mostrar así los cinco dedos. Las cosas susceptibles de demostración son las de menos valor, precisamente. Cuando la autoridad forma aún parte de las buenas costumbres donde no se dan «motivos» sino que se ordena, el dialéctico hace el papel de payaso. La gente no lo toma en serio. Sócrates fue el payaso que se hizo tomar en serio: ¿qué es lo que sucedió entonces?

## 6

Solo se acude a la dialéctica a falta de otros medios. Excita la desconfianza, es poco convincente; nada es más fácil de destruir que sus efectos, como lo demuestra un poco de experiencia en una asamblea donde se pronuncian discursos. Es un recurso extremo en manos de personas que deben conquistar su propio derecho. Por esto los hebreos fueron dialécticos. También Reineke Fuchs. ¿Y también Sócrates?

## 7

¿La ironía de Sócrates expresa rebelión o rencor plebeyo? ¿Sacia, en calidad de oprimido, su propia ferocidad con las cuchillas del silogismo? ¿Se venga de los nobles, a quienes fascina? El dialéctico tiene en sus manos un instrumento implacable; con él se puede ejercer la tiranía; se compromete al mismo tiempo que se vence. El dialéctico deja a su adversario el cuidado de probar que no es un idiota; le pone furioso y al mismo tiempo le priva de toda ayuda. El dialéctico despotencializa el intelecto de su adversario. La dialéctica, en Sócrates, ¿será solo una forma de la venganza?

## 8

Ya he explicado por qué era Sócrates repulsivo; razón de más para explicar por qué fascinaba. Había descubierto una nueva especie de «agon», de lucha, y fue el primer maestro de esgrima para los círculos distinguidos de Atenas. Fascinó excitando el instinto de lucha de los helenos; aportó una variante en la lucha de la palestra entre hombres jóvenes y adolescentes. Fue también un gran erótico.

## 9

Pero Sócrates adivinó aún más. Vio en el fondo de sus nobles atenienses: comprendió que su caso de decadencia personal no era un caso de excepción. El mismo tipo de decadencia se preparaba en todas partes en silencio. La antigua Atenas tocaba a su término. Comprendió que todos tenían necesidad de él, de sus remedios, de sus cuidados, de sus artificios personales para la conservación de sí mismo. En todas partes los instintos estaban en anarquía; en todas partes se estaba a un paso de la depravación; el *monstrum in animo* era el peligro general. «Los impulsos quieren ser tiranos; se debe encontrar un tirano contrario, que sea más fuerte...» Cuando el fisonomista de que hablamos arriba reveló a Sócrates lo que este era, un antro de malos impulsos, la respuesta fue: «Es verdad; pero he llegado a ser dueño de ellos». ¿Cómo llegó Sócrates a ser dueño de sí mismo?

Su caso en el fondo no fue más que el caso extremo, el que más saltaba a la vista de lo que entonces comenzó a ser la miseria general: nadie era dueño de sí mismo, los instintos se volvían unos contra otros.

Sócrates fascinó por lo exagerado: su fealdad inspiraba miedo; fascinó, más obviamente, como respuesta, como solución, como apariencia de cura.

10

Cuando hay necesidad de hacer de la razón un tirano, como en el caso de Sócrates, no es pequeño el peligro de que cualquier otra cosa se vuelva también tiranía. Una vez que la racionalidad fue descrita como salvadora, ni Sócrates ni sus enfermos tuvieron más remedio que ser racionales... fue de rigor, era su último recurso. El fanatismo con que todo el pensamiento griego se aferró a la racionalidad revela un estado de necesidad: se estaba en peligro, había solo una elección posible: o hundirse o volverse absurdamente razonables. El moralismo de los filósofos griegos a partir de Platón está patológicamente condicionado, así como su valoración de la dialéctica. Razón = virtud = felicidad significa simplemente: debemos hacer como Sócrates y levantar una luz permanente contra las tinieblas: la luz de la razón. El hombre debe ser a toda costa claro, sereno, perspicaz, ya que cada concesión a los instintos conduce a lo desconocido, a lo inconsciente...

11

He tratado de mostrar qué era lo fascinante en Sócrates: parecía un médico, un salvador. ¿Es todavía necesario señalar el error que implicaba su creencia en la «racionalidad a toda costa»? Es un autoengaño por parte de filósofos y moralistas creer que para salir de la decadencia es necesario hacerle la guerra. El salir de la decadencia está más allá de sus fuerzas: lo que consideran remedio, tabla de salvación, no es en sí mismo sino otra máscara de la decadencia —cambian su expresión, pero no abren ninguna salida—. Sócrates fue un equívoco: toda moral de perfeccionamiento, aun la cristiana, fue un equívoco... La cruda luz del día, la razón a todo precio, el vivir claros, fríos, cuidadosos, conscientes, sin instintos, en contradicción con los instintos, fue en sí mismo solo una enfermedad, otra enfermedad y no un retorno a la «virtud», a la «salud» o a la felicidad... Combatir los instintos: esta es la forma de la decadencia; tanto como dure la vida, será la felicidad igual a instinto.

## 12

¿Se entendió a sí mismo, el más hábil de los engañadores de sí mismo? ¿Se dijo a sí mismo lo que sigue, en la sabiduría de su valor frente a la muerte?... Sócrates quería morir: no Atenas, él mismo se administró el veneno, obligó a Atenas a darle veneno... «Sócrates no es ningún médico», se dijo en un susurro: «solo la muerte es médico aquí; Sócrates mismo fue únicamente y durante largo tiempo un enfermo...».

# LA «RAZÓN» EN LA FILOSOFÍA

## 1

¿Cuál es la idiosincrasia de los filósofos, preguntáis?... Su falta de sentido histórico, por ejemplo; su odio hacia cualquier representación del devenir, su «egiptismo». Creen hacerle un favor a algo cuando lo sacan de la historia, *sub specie aeterni*, cuando hacen de ese algo una momia. Todo lo que los filósofos desde siglos han manejado no es más que conceptos-momia. Nada realmente vivo sale de sus manos. Solo matan y disecan; esos idólatras del concepto, cuando adoran, son un peligro para la vida de todas las cosas. La muerte, el cambio, la vejez, como el alumbramiento y el crecimiento, son para ellos objeciones, o más bien refutaciones. Lo que es, no será, lo que será, no es... Ahora bien: todos creen, y con desesperación, en el ser. Pero como no se lo pueden apropiar, buscan las razones de por qué se les escapa. «Debe de haber un espejismo, un engaño, que nos impide percibir el ser: ¿dónde se esconde el engañador?» «Ya lo tenemos», gritan contentos: «¡es la sensualidad! Los sentidos —tan inmorales— nos engañan acerca del verdadero mundo; en consecuencia, hay que desembarazarse del testimonio de los sentidos, del devenir, de la historia, de la mentira (la historia no es sino la creencia en los sentidos, la creencia en la mentira). Hay que decir que no a todo aquello en que nos hacen creer los sentidos, negar hasta la última partícula de nuestra humanidad, nuestra bajeza de "hombre común". Ser filósofo equivale a ser momia, defender el monótono-teísmo con una mímica de enterradores. Y acabar antes que nada con el cuerpo, esa idea fija de los sentidos, tan digno de lástima, cargado con todos los errores de la lógica, refutado, imposible, aunque tan insolente como para atreverse a existir».

2

Pongo a un lado, con gran veneración, el nombre de Heráclito. Cuando el resto de la turba filosófica rechazaba el testimonio de los sentidos, porque estos nos hacen ver la multiplicidad y el cambio, él refutaba su testimonio porque estos nos muestran las cosas como dotadas de duración y unidad. También Heráclito trató injustamente a los sentidos. Estos no mienten ni del modo que creían los eleáticos ni del modo en que creía Heráclito: no mienten en general. Lo que nosotros hacemos con su testimonio es lo que pone en ellos la mentira; por ejemplo, la mentira de la unidad, la mentira de la objetividad, de la sustancia, de la duración... La «razón» es la causa por la cual nosotros falsificamos el testimonio de los sentidos. Los sentidos, en cuanto nos muestran el devenir, el cambiar, no mienten. Pero Heráclito tendrá eternamente razón al sostener que el ser es una ficción vacía. El mundo aparente es el único; el mundo «real» es solo un agregado, una mentira.

3

Los sentidos son delicados instrumentos de observación. La nariz, por ejemplo, de la que ningún filósofo ha hablado hasta ahora con reconocimiento y veneración; tal vez sea el instrumento más delicado que poseemos: puede comprobar diferencias mínimas de movimiento, en grado que ni el espectroscopio detecta. Hoy poseemos ciencia en el grado en que nos hemos decidido a aceptar el testimonio de los sentidos; en la cual los aguzamos, los armamos, les enseñamos a pensar profundamente. Lo demás es aborto y no-todavía-ciencia: es decir, metafísica, teología, psicología, teoría del conocimiento. O bien es ciencia formal: enseñanza de los signos, como la lógica, y aquella lógica aplicada, las matemáticas. A través de ellas la verdad no se hace presente, ni siquiera su problemática: como tampoco la cuestión del valor que tiene tal convención de signos como la lógica.

4

El otro rasgo de los filósofos no es menos peligroso: consiste en confundir el fin con el principio. Ellos afirman que lo que llega al final (lamentablemente, ya que no debería llegar en absoluto), los «conceptos más altos», es decir los más generales, los más vacíos, el último humo de la realidad adelgazada, eso, es el principio del principio. Y esto, una vez más, es la expresión de su manera de venerar: lo más alto no puede nacer de lo más bajo, no puede nacer de ningún modo; por lo tanto, todo lo que es de primer orden debe ser *causa sui*. El origen a partir de otra cosa hay que considerarlo como una objeción, como una duda sobre el valor. Todos los valores supremos son de primer orden, todos los conceptos supremos, como el ser, lo absoluto, el bien, la verdad, lo perfecto; nada de estos puede ser devenido, sino *causa sui*. Pero todas estas cosas no pueden ser desiguales tampoco entre sí, no pueden ser contradictorias consigo mismas... según lo cual ellos disponen de su estupendo concepto de «Dios»: lo último, más delgado, más vacío, es colocado como lo primero, como causa en sí, como *ens realissimum*... ¡Pensar que la humanidad ha tenido que tomar en serio los males del cerebro de enfermos tejedores de telarañas! Y le ha costado caro.

5

Precisemos, en cambio, de qué modo consideramos nosotros (digo nosotros por cortesía) el problema del error y de la apariencia. Tradicionalmente se ha tomado la variación, el cambio, el devenir en general como una prueba de la apariencia, como indicio de que allí debía de haber algo que inducía a error. Hoy, al contrario, vemos, en la medida en que nos podemos librar del prejuicio racional, que la unidad, la identidad, la duración, la sustancia, la causa, la materialidad, el ser, en cierto modo nos insertan en el error, nos hacen necesario el error; porque, basándonos en una verificación rigurosa, estamos seguros de que el error está aquí. Sucede lo mismo que con los movimientos de las grandes constelaciones; en estas, el error tiene por abogado nuestros ojos; en aquellas, el error tiene por abogado nuestro lenguaje. El lenguaje corresponde, por su origen, a la época de las formas psicológicas más rudimentarias: nos volvemos fetichistas cuando traemos a la conciencia los presupuestos de la metafísica del lenguaje, o sea de la razón. El lenguaje ve por todas partes actores y acción: así se origina la creencia de que la voluntad es la causa por excelencia; de que el «Yo» es ser y es sustancia, lo que es posteriormente proyectado sobre todas las cosas (con la creación misma del concepto «cosa»). El ser es considerado en todo momento como causa primera, es presupuesto; de la concepción del «Yo» se sigue en primer lugar, como derivativo necesario, el concepto de «ser». El gran riesgo de error está situado, pues, al comienzo, ya que la voluntad es algo que actúa, por lo tanto una potencia, una facultad... Hoy sabemos que es simplemente una palabra. Mucho después, en un mundo mil veces más esclarecido, advino la seguridad, la certidumbre subjetiva del manejo de las categorías de la razón: los filósofos dedujeron entonces que dichas categorías no podían provenir del mundo empírico; al contrario, el mundo empírico parecía contradecirlas. ¿De dónde surgían entonces? Y tanto en la India como en Grecia se cometió el mismo error: «Debemos haber habitado anteriormente en un mundo superior (en uno muy inferior, sería más adecuado decir), debemos haber sido divinos, ya que poseemos la razón». De hecho, nada hasta hoy ha poseído una fuerza de convicción más ingenua que el error del ser, tal como fue formulado por ejemplo por los eleatas: tiene a su favor cada palabra, cada frase que pronunciamos. Pero también para los adversarios de los eleatas subsistía el concepto de ser: Demócrito entre otros, cuando encontró su átomo... La «razón» en el lenguaje: ¡vieja mujer engañadora! Temo que no nos libraremos de Dios en tanto sigamos creyendo en la gramática...

## 6

Creo que se me agradecerá si condenso un punto de vista tan esencial y nuevo en cuatro tesis: facilitaré así la comprensión, provocaré así la contradicción.

Primera tesis. Los fundamentos según los cuales «este» mundo es descrito como apariencia fundan al contrario su realidad (otro tipo de realidad es absolutamente indemostrable).

Segunda tesis. Los rasgos a los que se ha atribuido el «verdadero ser» de las cosas son al contrario los signos del no ser, de la nada. Se ha construido al «verdadero mundo» en contradicción al mundo real: nada más aparente que este mundo de los filósofos, que consiste en una alucinación moral y óptica.

Tercera tesis. Fabular acerca de «otro» mundo no tiene sentido en el caso en que el instinto de la calumnia, del empequeñecimiento, de desconfianza en la vida, no nos domine: si este instinto nos domina, en cambio, nos vengamos de la vida con las fantasmagorías de una vida «otra» y «mejor».

Cuarta tesis. El mundo ha sido dividido en «verdadero» y «aparente», sea al modo del cristianismo, sea al modo de Kant (un cristiano disfrazado en último término); lo cual es solo una sugestión de la decadencia, un síntoma de la vida feneciente. El que el artista aprecie la apariencia más que la realidad, no constituye objeción a lo afirmado. Ya que la «apariencia» significa aun aquí la realidad, solo que seleccionada, fortalecida, corregida... El artista trágico no es ningún pesimista: dice que sí a todo lo misterioso y terrible, es dionisíaco...

## De cómo el «mundo verdadero» se volvió fábula

### Historia de un error

1. El mundo verdadero es accesible al sabio, al piadoso, al virtuoso; viven en él, son él.

(Forma más vieja de la idea, relativamente inteligente, simple, convincente. Transcripción de la frase «yo, Platón, soy la verdad».)

2. El mundo verdadero, inalcanzable por ahora, es prometido al sabio, al piadoso, al virtuoso («al pecador que hace penitencia»).

(Desarrollo de la idea: se vuelve más sutil, insidiosa, inaprehensible: se vuelve hembra y cristiana...)

3. El mundo verdadero, inalcanzable, indemostrable, no prometible, pero pensado como un consuelo, un deber, un imperativo.

(Fundamentalmente el viejo sol, disimulado tras niebla y escepticismo; la idea se ha vuelto sublime, pálida, nórdica, de Königsberg.)

4. El mundo verdadero, ¿es inalcanzable? De hecho, resulta cada vez inalcanzable. Y por inalcanzable, desconocido. En consecuencia, no es ni siquiera consolador, salvador, imperativo: ¿cómo lo desconocido podría volverse un deber?...

(Mañana gris. Primer bostezo de la razón. Canto de gallo del positivismo.)

5. El «mundo verdadero» se vuelve una idea inútil, no imperativa en absoluto, un lastre por lo tanto, una idea prescindible, una idea refutada; en consecuencia: debemos eliminarla.

(Día claro; desayuno; retorno del *bon sens* y de la serenidad; pudibundez de Platón; alboroto endemoniado de todos los espíritus libres.)

6. El mundo verdadero ha sido destruido por nosotros: ¿qué mundo queda?, ¿el aparente tal vez?... ¡En absoluto! Con el mundo verdadero hemos destruido también el aparente.

(Mediodía; momento de la sombra más corta; fin del largo error; culminación de la humanidad; INCIPIT ZARATHUSTRA.)

## La moral como contranaturaleza

### 1

Todas las pasiones tienen su tiempo, durante el cual son sencillamente funestas, pues oprimen a la víctima con todo el peso de su estupidez; hay otra etapa posterior, bastante más posterior, en que se desposan con el espíritu, se «espiritualizan». En otro tiempo, a causa de la estupidez que implica la pasión, el hombre le hizo la guerra, se anhelaba su destrucción; todos los viejos monstruos de la moral estaban de acuerdo en decir *il faut tuer les passions.* La fórmula más conocida al respecto proviene del Nuevo Testamento, de aquella prédica en que, contrariamente a lo que se ha dicho, las cosas no fueron consideradas en absoluto desde lo alto (Sermón de la Montaña). Allí se dice, por ejemplo, para aplicación provechosa a la sexualidad: «cuando tu ojo te escandaliza, arrójalo lejos»; por fortuna ningún cristiano ha procedido de acuerdo a esta prescripción. Destruir las pasiones y los deseos a causa de su estupidez, nos parece hoy simplemente la forma más aguda de la estupidez. Ya no admiramos a los dentistas que arrancan los dientes para que no duelan... Con cierta justicia he de decir por otra parte que, en el contexto en que ha crecido el cristianismo, la noción de «espiritualización de la pasión» no podía ser concebida de ningún modo. La iglesia primitiva ya luchaba, lo sabemos, contra los «inteligentes» a favor de los «pobres de espíritu»: ¿cómo hubiera podido llevarse a cabo de este modo una guerra inteligente contra la pasión? La iglesia combate la pasión mutilando cada sentido: su práctica, su «cura» es la castración. Ella no pregunta «¿cómo se espiritualizan, embellecen, divinizan los deseos?». En todo tiempo ha hecho cuestión de extirpar (la sensualidad, el orgullo, el afán de poder, la sed de venganza, la codicia). Pero extirpar las pasiones de raíz equivale a extirpar la vida de raíz: la praxis de la iglesia es enemiga de la vida.

## 2

El mismo remedio, la mutilación, la extirpación, es elegido instintivamente en la lucha contra un deseo por aquellos que son demasiado débiles de voluntad, demasiado degenerados para poder imponer una medida a su deseo; por aquellos caracteres que tienen necesidad de la Trapa, hablando por imágenes (y sin imágenes) de una definitiva declaración de hostilidad, de un abismo entre ellos y la pasión.

Los remedios radicales son indispensables únicamente a los degenerados; la debilidad de la voluntad, o, para hablar más precisamente, la incapacidad de no reaccionar a un estímulo, es ella misma, sencillamente, otra forma de degeneración. La enemistad radical, la enemistad a muerte con respecto a la sensualidad es un síntoma que hace pensar: justifica suposiciones sobre el estado general de un temperamento tan excesivo. Esta enemistad, este odio alcanzan por otra parte su estado culminante justo después de que tales naturalezas han perdido la firmeza suficiente para entregarse a la cura radical o a la supresión de su «demonio». Considérense si no las biografías de sacerdotes y filósofos, o artistas: quienes más venenosos han sido con respecto a la sensualidad no fueron precisamente impotentes y ni siquiera ascetas, sino los ascetas imposibles, aquellos que se vieron obligados a ser ascetas...

3

La espiritualización de la sensualidad se llama amor: constituye un gran triunfo sobre el cristianismo. Otro triunfo es nuestra espiritualización de la enemistad. Consiste en comprender el profundo valor que tiene el poseer enemigos: es decir que se procede y concluye en contradicción a lo que el hombre ha hecho y concluido siempre. La iglesia quiso en todo tiempo aniquilar a sus enemigos: nosotros, nosotros inmoralistas y anticristos, consideramos una ventaja a nuestro favor el hecho de que la iglesia exista todavía... También en lo político la enemistad se ha vuelto ahora más espiritual (más inteligente, más reflexiva, más hermosa). Casi todos los partidos entienden que su supervivencia depende de la existencia de otros partidos; lo mismo sucede con respecto a la gran política. Una creación nueva como por ejemplo el nuevo Imperio alemán, necesita de los enemigos más que de los amigos: en la contradicción es cuando se siente necesario, en la contradicción se vuelve nuevamente necesario... No de otro modo nos comportamos con respecto al «enemigo interior»: también en este caso espiritualizamos la enemistad. También aquí hemos apreciado su valor. Solo quien está lleno de contradicciones es hombre fructífero, solo quien no se entrega a la amistad, quien no vuelca su alma en efusiones, permanece joven... Nada ha llegado a sernos más extraño que lo tan deseado en otro tiempo, a saber, la «paz del alma», lo que desean los cristianos; nada nos inspira menos envidia que la vaca moral y la felicidad grasosa de la buena conciencia. Se renuncia a la vida «grande» cuando se renuncia a la guerra. Claro que en muchos casos «paz del alma» es una expresión equívoca; se trata de «otra cosa» que busca un nombre venerable. Ahí van un par de casos: «paz del alma» puede ser, por ejemplo, el suave irradiar de una animalidad rica en lo moral (o en lo religioso). O el comienzo del cansancio, la primera sombra de la noche, cualquier tipo de noche. Un signo de que el aire está húmedo, movido por el viento del sur. O el agradecimiento inconsciente por una feliz digestión (subtitulada «amor a la humanidad»). O la calma del convaleciente al que todas las cosas parecen nuevas y que espera... O el estado de ánimo que sigue a una completa satisfacción de nuestra pasión dominante, el sentimiento del bienestar que trae la saciedad. O la debilidad, la vejez de nuestra voluntad, de nuestras aspiraciones, de nuestros vicios. O la pereza convencida por la vanidad de lo bueno que es acogerse a la moral. O la obtención de una certidumbre (que puede ser terrible) cuando una incertidumbre nos ha atormentado durante largo tiempo. O una expresión de madurez y maestría en el hacer, construir, producir, querer, la respiración tranquila, la alcanzada «libertad del querer»... Ocaso de los ídolos: tal vez. Otra forma de «paz del alma».

4

Erijo un principio en fórmula. Cada variedad del naturalismo en la moral, es decir cada moral sana, está dominada por un instinto de la vida, un cierto mandamiento de la vida que es llenado a través de la regla determinada del «se debe» o «no se debe». Un cierto obstáculo, una cierta enemistad son eliminados así del camino de la vida. La moral antinatural, es decir, casi todas las morales que han existido, que han sido enseñadas, veneradas y predicadas hasta ahora, se aplican precisamente a combatir el instinto de la vida; es una condenación a veces secreta, a veces declarada, de estos instintos. Al decir «Dios ve en los corazones», niega las más bajas y las más altas aspiraciones de la vida y constituye a Dios en enemigo de la vida... El santo, el que place a Dios, es el castrado ideal. La vida acaba donde el «reino de Dios» comienza.

## 5

Suponiendo que se haya comprendido lo que hay de sacrílego en tal insurrección contra la vida (insurrección que la moral cristiana sacraliza) se habrá comprendido a la vez cuán inútil, aparente, absurda, mentirosa es tal insurrección. La condenación de la vida por parte del viviente no es en último término sino el síntoma de un cierto tipo de vida: eso, sin tocar la cuestión de si la condenación es justificada o no. Se debería estar colocado del otro lado, fuera de la vida, y conocerla tan bien como aquel, como aquellos, como todos los que han vivido para poder tocar el problema del valor de la vida en general; este es un problema, por tanto, inaccesible a nosotros. Cuando hablamos de valores, hablamos bajo la inspiración y bajo la óptica de la vida; la vida misma nos obliga a fijar valores, la vida misma es la que valora, a través de nosotros, cuando fijamos valores. De ahí se sigue que aun aquella moral de la contranaturaleza, que erige a Dios en contraconcepto y condenador de la vida, es también y en último término una forma de valoración de la vida (¿de qué vida?, ¿de qué tipo de vida?... Ya he dado la respuesta: de la vida feneciente, debilitada, cansada, condenada). La moral, tal como ha sido entendida hasta ahora, como ha sido formulada hasta por

Schopenhauer («negación de la voluntad de vivir») es el instinto de decadencia mismo, que tiene un solo imperativo: «¡húndete!». Es el juicio de los condenados.

6

Consideremos todavía la ingenuidad que constituye el decir: «así debería ser el hombre». La realidad nos muestra una deliciosa variedad de tipos, la exuberancia de un derrochador juego de formas y cambios: y cualquier miserable moralista salido de algún rincón se atreve a decir: «no, el hombre debería ser así o asá...». Él sabe muy bien cómo debería ser, ese mojigato infeliz: se pinta a sí mismo sobre una pared y señala «ecce homo». Pero aun cuando el moralista se dirija simplemente a un individuo y solo a él le diga «así debes ser», su actitud no es menos ridícula. El individuo es un pedazo de los hechos, de la realidad, desde atrás y hacia delante, una ley más, una necesidad más con respecto a todo lo que es y será. Decirle «cámbiate» significa exigir que cambie todo, incluso hacia atrás. Y en verdad, hubo moralistas consecuentes que quisieron que el hombre fuese de otro modo, a saber, virtuoso; lo quisieron hacer según su espejo, esto es, beato; pero por eso, y de este modo, negaron también al mundo. ¡Mísera locura y mísera forma de la inmodestia!... La moral, en cuanto condena por condenar, no partiendo de miras, de consideraciones, de intenciones relativas a la vida, es un error específico del que no se debe tener compasión, la idiosincrasia de los degenerados que ha hecho un daño general profundo. Nosotros los inmoralistas hemos, por el contrario, abierto nuestro corazón a toda clase de comprensiones, de recepciones, de aprobaciones. No negamos con facilidad, ponemos nuestra honra en ser afirmativos. Nuestros ojos se abren cada vez más a aquella economía que necesita y trata de servirse de todo lo que la locura del sacerdote, la enferma razón del sacerdote, reprueba; aquella economía que corresponde a la ley de la vida, que saca su provecho aun de la repugnante especie del mojigato, del sacerdote, del virtuoso: ¿cuál provecho? Pero nosotros mismos, nosotros inmoralistas, somos aquí la respuesta...

## Los cuatro grandes errores

1

Error de la confusión entre causa y efecto:

No hay error más peligroso que el de confundir la causa con el efecto: yo le llamo la verdadera perversión de la razón. A pesar de lo cual este error pertenece a los hábitos más antiguos y más modernos de la humanidad: ha sido santificado entre nosotros, bajo los nombres de *religión* o *moral*. Cada frase formulada por la religión y la moral lo contiene. Sacerdotes y moralistas son los agentes de esta perversión de la razón. Doy un ejemplo: todo el mundo conoce el libro de Cornaro en el cual se recomienda una dieta exigua como receta para una larga vida (virtuosa). Pocos libros han sido tan leídos y en Inglaterra se imprimen anualmente miles de ejemplares. Dudo que algún otro libro (excluida por supuesto la Biblia) haya hecho tanto daño, haya acortado tantas vidas como esta curiosa obra. Motivo de esto: la confusión de la causa con el efecto. El probo italiano vio en su dieta la causa de su larga vida, cuando la verdadera condición de su larga vida fue la extraordinaria lentitud del metabolismo o su escaso consumo. Él no era libre de comer poco o mucho; su frugalidad no era una «libre voluntad»: habría enfermado si hubiese comido más. Pero quien no es una carpa, no solo hace bien en comer en la medida normal, sino que le es necesario. Un intelectual de nuestros días, haciendo gran desgaste de energía nerviosa, se consumiría completamente con el régimen de Cornaro. *Crede experto.*

2

La fórmula general que está en la base de cada religión o moral dice: «Haz esto o aquello y serás feliz. En caso contrario...». Cada moral y cada religión no son más que este imperativo; yo lo llamo el gran pecado hereditario de la razón, la inmortal sinrazón. En mi boca cada fórmula se transforma en su contrario, primer ejemplo de mi «transmutación de todos los valores»; un hombre bien aconsejado, un hombre «feliz», debe realizar determinadas acciones y aborrecer instintivamente otras; en sus relaciones con los hombres y las cosas, actualiza el orden que fisiológicamente representa. En síntesis: su virtud es la consecuencia de su felicidad... Una larga vida, una rica posteridad no es el salario de la virtud, la virtud es más bien la lentitud del metabolismo, que tiene, entre otras consecuencias, una larga vida, una rica posterioridad, o por mejor decir: el cornarismo. La iglesia y la moral dicen: «Una especie, un pueblo degeneran en el exceso y el lujo, *a causa* del exceso y el lujo». Mi razón reinstaurada afirma: cuando un pueblo degenera fisiológicamente, siguen en consecuencia el exceso y el lujo (es decir la necesidad de estímulos más fuertes y frecuentes, como toda naturaleza agotada sabe). Cierto joven ha empalidecido y se ha marchitado antes de tiempo. Dicen sus amigos: tal y tal enfermedad son las causas. Yo digo: él se ha enfermado por no oponer resistencia a la enfermedad, que es una consecuencia de su vida empobrecida, de su agotamiento hereditario. El lector de periódicos dice: tal error arruina a tal partido. Mi política más alta dice: un partido que comete tal error está acabado, ha perdido su instinto de conservación. Cada falta y cada pecado es la consecuencia de una atrofia de los instintos, de una disolución de la voluntad: con esto casi se define lo que es el mal. Todo bien es instinto, y en consecuencia ágil, necesario y libre. El cansancio es una objeción, Dios se diferencia típicamente de los héroes (en mi lenguaje: los pies ligeros son el primer atributo de la divinidad... de los héroes).

### 3

Error de una falsa causalidad:

El hombre ha creído saber en todos los tiempos qué es una causa: pero ¿de dónde sacábamos nosotros nuestro saber, o exactamente nuestra creencia de que sabíamos algo sobre este asunto? Del reino de los famosos «hechos internos», ninguno de los cuales hasta ahora se ha demostrado efectivo. Creíamos que éramos nosotros mismos causa en el acto de querer: creíamos por lo menos sorprender allí a la causalidad. No se dudaba de que todos los antecedentes de una acción, sus causas, debían ser buscados en la conciencia, y que allí se encontrarían si se buscaban en calidad de motivos, de lo contrario no se habría sido libre de realizar aquella acción ni responsable de ella. Por último, ¿quién habría discutido que un pensamiento tiene una causa? ¿Que el yo es la causa del pensamiento?... De estos tres «hechos interiores», con los que la causalidad sacaba carta de ciudadanía, el primero y más convincente era el de la voluntad como causa, la concepción de una conciencia («espíritu») como causa y más tarde la noción de yo («sujeto») como causa, han nacido más tarde, cuando ya la causalidad había sido deducida de la voluntad como cosa empírica... Pero entretanto hemos razonado mejor. No creemos hoy ni una palabra de lo que antecede. El «mundo interior» está lleno de imágenes e iluminaciones erróneas: la voluntad es una de ellas. La voluntad ya no actúa, de modo que tampoco explica nada; se limita a acompañar los procesos, y aun puede faltar completamente. El así llamado «motivo» es otro error. Tan solo un fenómeno superficial de la conciencia, un acompañante del hecho, o lo que esconde la antecedencia del hecho, y hace como si lo presentara. Y aun el yo se ha vuelto fábula, ficción, juego de palabras: ha dejado completamente de pensar, de sentir y de querer... ¿Qué se sigue de lo anterior? Que no hay causas espirituales. La usual empiria acerca de esto se va al diablo. Esto es lo que se sigue de aquí. Se había hecho un especial abuso de las nociones anteriores: habíamos construido el universo como un mundo de causas, un mundo de la voluntad, un mundo espiritual. La psicología más antigua y duradera se ponía aquí en acción: todo suceso era una obra, toda obra la consecuencia de una voluntad; el mundo se volvió una multiplicidad de actores, un actor (un «sujeto»); monopolizó como obra suya todos los sucesos. El hombre proyectó sus tres «hechos interiores» (el espíritu, el yo, la voluntad) sobre las cosas, dedujo el concepto de ser del concepto de yo y concibió lo existente según su imagen, según su concepto del yo como causa. ¿Qué tiene de extraordinario que luego y siempre volviera a encontrar en las cosas lo que él mismo había escondido en ellas? La cosa misma, repito, el concepto de cosa, es simplemente un reflejo de la creencia en el yo como causa... Y aun vuestro átomo, mis señores físicos mecanicistas, ¡cuántos errores, cuánta psicología rudimentaria se reflejan todavía en él! Y no hablemos de la «cosa en sí», del *horrendum pudendum* de los metafísicos. El error del espíritu como causa confundido con la realidad, tomado como medida de la realidad y llamado Dios.

4

Error de las causas imaginarias:

Traigamos ejemplos del sueño: a una determinada

sensación producida, por ejemplo, por un lejano cañonazo, se le supone inmediatamente una causa (frecuentemente toda una pequeña novela, de la que el soñador es el protagonista). La sensación, entretanto, continúa en una especie de resonancia: espera que el instinto de causalidad le permita situarse en primer plano, no ya como contingencia, sino como «sentido». El cañonazo se integra así, de un modo causal, en una aparente trasposición del tiempo. Lo más tardío, la motivación, es vivido como lo primero, frecuentemente con mil detalles que se suceden como el rayo: el estampido viene después... ¿Qué ha sucedido? Las representaciones que un determinado hecho despiertan son concebidas erróneamente como causas del mismo. De hecho, hacemos lo mismo durante la vigilia. La mayor parte de nuestras sensaciones (cada tipo de molestia, presión, distensión, explosión en el juego y contrajuego de los órganos, como en particular el estado del nervio simpático) despiertan nuestro impulso causal: queremos que haya un fundamento para que nos encontremos de tal o cual modo, para sentirnos bien o mal. Jamás nos basta establecer el simple hecho de que nos sentimos de tal o cual modo: solo admitimos este hecho —somos conscientes de él— cuando le hemos encontrado algún tipo de motivación. El recuerdo que en tales casos, sin nosotros saberlo, entra en juego aporta anteriores y similares estados junto con las interpretaciones causales que han surgido de ellos (no su causalidad). La creencia de que las representaciones que acompañan los procesos de la conciencia son las causas dificulta, en realidad, la investigación de la causa, y hasta la excluye.

## 5

Explicación psicológica de este hecho:

El reducir algo desconocido a algo conocido proporciona alivio, tranquiliza, satisface y da además un sentimiento de poderío. Lo que es desconocido produce peligro, inquietud, preocupación; un instinto primario se dirige a eliminar estos estados de ánimo penosos. Primer principio: cualquier explicación es mejor que ninguna. Como en el fondo se trata únicamente de una voluntad de desembarazarse de ideas deprimentes, no se es muy estricto acerca de los medios para ello: la primera idea, a través de la cual lo desconocido se explica como conocido, hace tanto bien que el hombre la tiene por verdadera. Prueba del placer («fuerza») como criterio de la verdad. Así, el instinto causal está condicionado y excitado por el sentimiento de miedo. La pregunta acerca de la causa no debe, a ser posible, dar una causa por sí misma, sino una especie de causa; una causa tranquilizadora, liberadora, que produzca alivio. Si algo ya conocido, ya visto, inscrito en la memoria, es establecido como causa, esta es la primera consecuencia de aquella necesidad. Lo que es nuevo, nunca experimentado, extraño, es excluido como causa.

No se busca, por lo tanto, meramente un tipo de explicación causal cualquiera, sino aquel tipo de explicaciones que conjuren con la mayor celeridad el sentimiento de lo extraño, nuevo, no vivido. En consecuencia un cierto tipo de causalidad se desarrolla cada vez más, se concentra en sistema y domina completamente, excluyendo cualquier otro tipo de explicaciones en la categoría de causas. El banquero piensa inmediatamente en «negocio», el cristiano en «pecado», la damisela en su amor.

## 6

Todo el campo de la moral y de la religión pertenece al dominio de las causas imaginarias:

«Explicación» de los sentimientos desagradables. Estos están condicionados por entidades que nos son extrañas (malos espíritus: el caso más obvio: tomar a las histéricas por brujas). Estos sentimientos desagradables se atribuyen a acciones reprobables (el sentimiento del pecado, de la pecabilidad, suponiendo un malestar fisiológico: siempre se encuentran razones para estar descontento de sí mismo). Estos sentimientos son interpretados como castigo, como un ajuste de cuentas por cosas que hubiéramos debido hacer y de acciones que no hubiéramos debido consumar (Schopenhauer generaliza la forma más imprudente de esta creencia, haciendo de ella un principio, en el cual la moral aparece como es, a saber, la más neta envenenadora y calumniadora de la vida: «todo gran dolor, ya sea corporal, ya sea espiritual, significa lo que nosotros merecemos, porque no podría caer sobre nosotros si no lo mereciésemos», *El mundo como voluntad y representación*). Por último, estos sentimientos dependen de acciones involuntarias que tuvieron malas consecuencias (las pasiones, los sentidos puestos como causa, «culpa»; estados fisiológicos penosos interpretados con la ayuda de otros estados penosos, como «merecidos»).

«Explicación» de los sentimientos agradables. Estos son premios por la confianza en Dios. Son condicionados por la conciencia de las buenas acciones (de la llamada «buena conciencia», un estado fisiológico que a veces, bajo los efectos de una buena digestión, puede alucinarnos). Estos sentimientos son determinados también por el éxito de una empresa afortunada (falsa conclusión ingenua: el buen fin de una empresa no produce de ningún modo sentimientos de placer a un hipocondriaco o a un Pascal). Tienen por condición la fe, el amor, la esperanza, las virtudes cristianas. En realidad, estas pretendidas explicaciones son consecuencia de estados de ánimo y, por decirlo así, de traducciones de sentimientos de placer o displacer en un dialecto falso: se está en estado de esperar, porque el sentimiento fisiológico fundamental es fuerte y rico; se tiene confianza en Dios, porque el sentimiento de la abundancia y de la fuerza proporciona tranquilidad a los hombres. La moral y la religión pertenecen totalmente a la psicología del error; en cada caso particular se confunde la causa con el efecto, o se confunde la verdad con el efecto de lo que es creído verdadero, o se confunde un estado de conocimiento con la causalidad de este estado.

## 7

Error del libre albedrío:

Ya no tenemos hoy ninguna compasión con el concepto de «libre albedrío»: sabemos demasiado bien lo que es (el artificio teológico de peor fama, que tiene por fin hacer a la humanidad «responsable» —a su modo—, o sea, de hacerla «dependiente» de ellos...). A continuación presento la psicología del hacer responsable. Dondequiera que se buscan responsabilidades, lo que campea es el instinto de juzgar y castigar. Se ha despojado de su inocencia al devenir si se lo reduce de cualquier modo a voluntad, a intenciones, a actos de responsabilidad: la teoría de la voluntad fue esencialmente inventada para fines de castigo, es decir, por el deseo de encontrar culpables. Toda la antigua psicología, la psicología de la voluntad, tiene como premisa el que sus autores, esto es, los sacerdotes jefes de las antiguas comunidades, quisieron arrogarse el derecho de imponer penas, o crearle a Dios el derecho de infligirlas... Los hombres fueron imaginados libres para que pudieran ser juzgados y castigados, para que pudiesen ser «culpables»; se debía imaginar, por consiguiente, que toda acción era querida, y que el origen de toda acción es la conciencia (esta moneda falsa *in psychologicis* se convirtió en principio de la psicología misma). Hoy, que hemos entrado en el movimiento opuesto; hoy, que especialmente nosotros los inmoralistas eliminamos del mundo con todas nuestras fuerzas el concepto de culpa y de castigo, que tratamos de purificar de aquel concepto la psicología, la historia, la naturaleza, las instituciones y sanciones sociales, no vemos oposición más radical que la de los teólogos, quienes continúan, mediante el concepto de «ordenamiento moral del mundo», infestando la inocencia del devenir con la «pena» y la «culpa». El cristianismo es la metafísica de los verdugos...

## 8

¿Cuál es nuestra enseñanza?:

Que nadie regala al hombre sus cualidades, ni Dios ni la sociedad, ni los padres o antepasados, ni el hombre mismo (el absurdo de la idea aquí rechazada fue predicado por Kant como «libertad inteligible», y quizá también por Platón). Nadie es responsable del hecho de existir, de estar constituido de tal o cual manera, de encontrarse bajo ciertas circunstancias, en un cierto medio. La fatalidad de su ser no se puede divorciar de la fatalidad de todo lo que fue y será. Nadie es la consecuencia de un propósito personal, de una voluntad, de una finalidad; con nadie debe hacerse el intento de llegar a un «ideal de hombre», o «ideal de felicidad», o «ideal de moralidad»; es absurdo el querer desviar el propio ser hacia cualquier fin. Nosotros hemos inventado el concepto de fin: en la realidad no existe el fin... El hombre es necesario, el hombre es un trozo del proceso general, pertenece al todo, está en el todo: no hay nada que regule nuestro ser, lo mida, lo compare, o lo pueda juzgar, pues eso equivaldría a regular, medir, comparar, condenar... al todo. Pero no hay nada fuera del todo. El que a nadie, desde ahora en adelante, se le haga responsable; que la especie del ser no sea remitida a una causa prima; que el mundo sea una unidad, pero no como sensorio ni como espíritu: *esta es la primera gran liberación.* La inculpabilidad del devenir es reinstaurada. El concepto «Dios» ha sido hasta ahora la más grande objeción contra la existencia... Negamos a Dios, negamos la responsabilidad frente a Dios: de este modo redimimos al mundo.

## Los «Reformadores» de la humanidad

### 1

Sabido es lo que exijo al filósofo: que se coloque más allá del bien y del mal, que ponga bajo su planta la ilusión del juicio moral. Este requerimiento es consecuencia de un cierto punto de vista que he formulado yo por primera vez: *los hechos morales no existen.* El juicio moral tiene en común con el religioso el hecho de que supone realidades irreales. La moral es solo una interpretación de ciertos fenómenos, más estrictamente: una falsa interpretación. El juicio moral pertenece, con el religioso, a un grado de ignorancia en el que falta hasta el concepto de lo real, o la distinción entre lo real y lo imaginario; de modo que «verdad» en semejante grado significa simplemente cosas que hoy llamamos «imaginaciones». En tal sentido, el juicio moral no puede nunca ser tomado al pie de la letra: como tal no contiene más que un contrasentido. Pero conserva un valor inapreciable como semiótica, porque revela al menos docto las más preciosas realidades de la civilización, y aquellas interioridades que no sabían bastante para comprenderse a sí mismas. La moral es simplemente un lenguaje de signos, simple sintomatología: se debe saber de qué se trata para extraer utilidad de él.

## 2

Un primer ejemplo, y completamente provisional. En todos los tiempos se ha querido «reformar al hombre»: esto es la moral por sobre todas las cosas. Pero bajo la misma palabra se esconde la tendencia más opuesta. Tanto la domesticación de la bestia humana como la educación de una determinada especie de hombres fueron llamadas «mejora»: pero estos términos zoológicos expresan realidades, realidades que el «mejorador» típico, el sacerdote, no conoce ni ha querido conocer... Llamar a la domesticación de un animal «mejoramiento» es para nuestros oídos casi una broma. Quien sabe lo que sucede en las *ménageries* duda de que con esto el animal sea «mejorado». El animal se debilita. Se vuelve menos dañino, se convierte en un animal enfermizo en virtud de la emoción depresiva del miedo, en virtud del dolor, de las heridas, del hambre.

No de otro modo ocurren las cosas con el hombre domado y «perfeccionado» por el sacerdote. En la alta Edad Media, cuando la iglesia era ante todo una *ménagerie*, se daba caza con preferencia a los más bellos ejemplares de la «bestia rubia», se mejoraba, por ejemplo, a los nobles germanos. Pero ¿cuál era luego el aspecto de aquel germano «mejorado» y recluido en un claustro? Tenía el aspecto de una caricatura de hombre, de un aborto; se había convertido en «pecador», era encerrado en una jaula, y estaba aprisionado entre ideas terribles... Allí se le veía yacente, enfermizo, triste, malévolo para consigo mismo, lleno de odio contra los instintos de la vida, lleno de sospechas contra todo lo que era aún fuerte y feliz. En resumen: convertido en un cristiano. Para hablar fisiológicamente: en la lucha contra la bestia feroz el ponerla enferma puede ser el único medio de debilitarla. Esto lo comprendió la iglesia; estropeó al hombre, lo debilitó; pero pretendió haberlo «mejorado»...

## 3

Consideremos ahora el otro caso de la así llamada moral, el caso de la educación de una raza y de una especie determinadas. El ejemplo más grandioso lo da la moral india, sancionada religiosamente como «Ley de Manú». Aquí se siente la tarea de educar a un tiempo nada menos que cuatro razas: una de sacerdotes, otra de guerreros, otra de mercaderes y ciudadanos, y finalmente, una raza de siervos, la de los sudras. Aquí, evidentemente, no nos encontramos entre domadores de animales: una calidad de hombres cien veces más suaves y razonables es la premisa para poder concebir solamente el plan de semejante educación. Se respira cuando del aire cristiano de hospital y de prisión se pasa a este mundo más sano, más alto, más amplio. ¡Cuán miserable es el Nuevo Testamento frente a Manú, qué mal olor echa! Pero también esta organización tuvo necesidad de ser terrible, no en la lucha contra la bestia, sino con el concepto opuesto a la bestia, con el del hombre que no se educa, con el hombre mestizo, con el Tschandala. Aquí también, sin embargo, no hubo otro medio de volverlo inofensivo o débil que enfermarlo: era la lucha contra el «gran número». Tal vez no haya algo más chocante para nuestros sentimientos que estas reglas protectoras de la moral hindú. El tercer edicto, por ejemplo (Avadana-Sastra I), el de las «legumbres impuras», ordena que el único alimento permitido a los Tschandala será el ajo y la cebolla, en consideración de que la escritura sagrada les prohíbe los granos, o frutos que contengan semillas, o agua o fuego. El mismo edicto establece que el agua que les sea necesaria no podrá ser tomada de los ríos, ni de fuentes o estanques, sino de las vías de acceso a pantanos, u hoyos formados por las patas del ganado. Igualmente les está vedado a los Tschandala lavar sus ropas y lavarse a sí mismos, porque el agua que les es concedida por favor debe únicamente ser empleada en extinguir la sed. Finalmente, les estaba vedado a las mujeres de los sudras asistir en sus partos a las mujeres tschandalas, y a estas últimas les estaba vedado asistirse recíprocamente. El éxito de tal policía sanitaria no se hizo esperar: epidemias mortales, horribles enfermedades venéreas y sobre esto la «ley del cuchillo», que ordenaba la circuncisión de los niños varones, la mutilación de los grandes labios en la mujer. El mismo Manú dice: «Los Tschandala son frutos de adulterio, incesto y delito (esta es la necesaria consecuencia de la idea de educación), solo deben tener por vestidura los andrajos de los cadáveres, por utensilios vasos rotos, por ornamento hierros viejos, por culto solo los malos espíritus; deben vagar sin descanso de un lugar a otro. Les está prohibido escribir de izquierda a derecha y con la mano derecha: la utilización de la mano derecha y de la dirección de izquierda a derecha está reservada solamente a los virtuosos, a la gente de raza».

## 4

Estas disposiciones son ricas en enseñanzas: en ellas tenemos por un lado a la humanidad aria, completamente pura y limpia; nos damos cuenta de que el concepto de «pura sangre» es lo contrario de un concepto inofensivo. Por el otro lado se vuelve claro en qué pueblo el odio, el odio de los Tschandala hacia aquella «humanidad», se ha concentrado, volviéndose religión y genio... Bajo este punto de vista el Evangelio se vuelve claro: incluso el Libro de Enoch. El cristianismo, de raíz judía y solamente concebible como fruto de ese suelo, establece el movimiento contrario a la moral de la educación, de la raza y los privilegios: es la religión antiaria por excelencia: el cristianismo es la trasmutación de todos los valores arios, la victoria de los valores Tschandala, el evangelio de los pobres, la prédica del rebajamiento, la total rebeldía de todos los pisoteados, miserables, errados, equivocados de camino contra la «raza», la venganza inmortal de los Tschandala como religión del amor.

## 5

La moral de la crianza y la moral de la domesticación son completamente dignas la una de la otra en cuanto a los medios de que se valen: debemos, pues, sentar como supremo principio que, para ser moral, se debe de tener la voluntad incondicional de aplicarse a lo contrario. Este es el grande y siniestro problema que he perseguido largamente: la psicología del «mejorador» de la humanidad. Un hecho pequeño y en el fondo modesto, el de la así llamada *pia fraus*, me proporcionó la primera salida al problema: la *pia fraus* es el patrimonio hereditario de todos los filósofos y sacerdotes que «perfeccionaron» a la humanidad. Ni Manú, ni Platón, ni Confucio, ni los maestros judíos y cristianos han dudado jamás de su derecho a la mentira... Para expresarlo en una fórmula diremos: todo medio a través del cual la humanidad ha sido moralizada hasta ahora fue, en el fondo, inmoral.

## Lo que les falta a los alemanes

### 1

Entre los alemanes no es suficiente hoy en día tener ingenio: hay que tomarlo, apropiárselo.

Tal vez yo conozca a los alemanes, tal vez pueda permitirme decirles un par de verdades. La nueva Alemania presenta una gran cantidad de capacidades heredadas y adquiridas, de modo que, por algún tiempo, puede gastar pródigamente el tesoro de fuerza acumulado. Con dicha fuerza no ha llegado Alemania a la posesión de una alta cultura, y aún menos a un gusto delicado, a una decente «belleza» de los instintos; pero posee virtudes más viriles que las que cualquier otro país de Europa puede mostrar. Mucho valor y estimación de sí misma, mucha seguridad en las relaciones, en la reciprocidad de los deberes, mucha laboriosidad, tenacidad, y una templanza heredada, que más bien tiene necesidad de acicate que de freno. Añado que en Alemania todavía se obedece sin que el obedecer humille... Y nadie desprecia a su adversario...

Como se ve mi deseo es ser justo con los alemanes: pero como no quisiera ser infiel a mí mismo, les he de hacer también algunas objeciones. Cuesta caro alcanzar el poder: el poder idiotiza... Los alemanes, llamados anteriormente pueblo de pensadores, ¿piensan todavía? Los alemanes se aburren hoy con el espíritu, desconfían de él; la política roba toda seriedad a los asuntos verdaderamente espirituales. Alemania, *Deutschland über alles*: temo que este sea el fin de la filosofía alemana... «¿Hay filósofos alemanes? ¿Hay poetas alemanes? ¿Hay buenos libros en Alemania?», se me pregunta en el extranjero. Yo enrojezco; pero con el carácter que me es propio y que me ayuda aun en casos desesperados, respondo: «Sí, Bismarck». Podría aun preguntarse, ¿cuáles son los libros que se leen hoy?... ¡Desgraciado instinto masivo!

## 2

¿Quién no habrá pensado con melancolía acerca de lo que el espíritu alemán podría ser? Pero este pueblo se ha idiotizado por capricho, hace mil años más o menos: en ninguna otra parte los dos grandes narcóticos europeos, el alcohol y el cristianismo, han hecho su labor más a fondo. Modernamente se ha agregado aún un tercero, que basta por sí solo para apagar toda ágil y atrevida movilidad del espíritu: la música, nuestra estreñida y atorante música alemana. Cuánta exasperante pesadez, parálisis, mohosidad, sueñera, cuánta cerveza hay en la inteligencia alemana. ¿Cómo puede ser posible que hombres jóvenes, que vuelcan su existencia a fines espirituales, no respondan al primer instinto de la espiritualidad, el instinto de autoconservación del espíritu, y beban cerveza?... El alcoholismo de la juventud ilustrada no es tal vez una objeción con respecto a su erudición —se puede ser erudito careciendo de genio— pero desde cualquier otro punto de vista sigue siendo un problema. ¿Dónde más se encuentra la tierna enajenación que la cerveza trae al espíritu? En ocasión conocida, puse ya el dedo sobre esta enajenación, al referirme a nuestro primer librepensador alemán, el inteligente David Strauss, autor de un evangelio de cervecería y de una «nueva fe»... No en vano ha hecho su elogio en verso a la «encantadora morena»: fidelidad hasta la muerte...

### 3

Hablé del espíritu alemán: que se vuelve cada vez más grosero, cada vez más chato. ¿Es suficiente? En el fondo, es algo completamente diferente lo que me asusta: cómo va caducando la seriedad alemana, la profundidad, la pasión alemana con respecto a las cosas espirituales. El *pathos* ha cambiado, y no solamente la intelectualidad. Visito alguna vez las universidades alemanas: ¡qué atmósfera domina entre sus eruditos, qué espiritualidad aburrida, autosatisfecha y floja! Sería un grueso malentendido el oponerme aquí al desarrollo de la ciencia alemana y una prueba además de que no se ha leído una palabra de mis obras. Me he cansado de denunciar, desde hace diecisiete años, el desastroso influjo que con respecto al espíritu ejerce hoy la actividad científica alemana. La esclavitud de ilotas a que condena a cada uno hoy la extraordinaria extensión de las ciencias, es una razón capital de que las naturalezas más plenas, más ricas, más profundamente constituidas, no encuentren ya una educación y educadores a propósito para ellas. Con nada sufre más nuestra cultura que con el exceso de pedantes acarreadores de libros y de humanidades fragmentarias; nuestras universidades son, sin quererlo, los auténticos invernáculos donde se desarrolla este tipo de instinto atrófico del espíritu. Y toda Europa lo sabe: la gran política no engaña a nadie... Alemania es considerada cada vez más como la planicie europea. Busco aún un alemán con el que pueda ser serio a mi manera, y aún mucho más uno que no me exaspere. Crepúsculo de los ídolos: ¡ah, quién entenderá hoy día las seriedades de que un filósofo se ocupa! La serenidad, la ligereza de espíritu, son en nosotros lo más incomprensible...

4

Hagamos un cálculo: no solo es evidente que la cultura alemana declina, sino que no faltan motivos suficientes para este declinar. Nadie puede dar lo que no tiene: esto vale para las personas y también para los pueblos. Si el hombre se entrega al poder, a la gran política, a la economía, al comercio mundial, al parlamentarismo, a los intereses militares, se pierde en la misma proporción inteligencia, seriedad, voluntad, dominio de sí mismo: lo que se entrega por un lado falta por el otro. La cultura y el Estado, no hay que engañarse, son antagonistas: «Estado de cultura» es una idea moderna. Uno vive de la otra, uno existe a costa de la otra. Todas las grandes épocas de la cultura han sido épocas de decadencia política: lo que es grande en sentido cultural, es apolítico, o antipolítico... A Goethe, el corazón se le abre ante Napoleón pero se le cierra ante las «guerras de libertad»... En el mismo momento en que Alemania se transforma en gran potencia, Francia adquiere culturalmente una nueva importancia, mucha seriedad, mucha pasión reciente ha constituido ya a París en su morada; la cuestión del pesimismo, por ejemplo, la cuestión Wagner, casi todas las cuestiones psicológicas y artísticas se vuelven allí más finas, y se mueven a una profundidad mayor que en Alemania: los alemanes son incapaces de este tipo de seriedad. En la historia de la cultura europea el advenimiento del Imperio alemán significa, ante todo, un desplazamiento del centro de gravedad. Ya se sabe en todas partes: en lo que realmente cuenta, en lo que permanece siendo cultura, los alemanes no pueden ser tomados en consideración. Se pregunta: ¿podéis presentar algún espíritu que cuente para Europa, como antaño Goethe, o Hegel, o Heinrich Heine, o Schopenhauer? Y es infinita la sorpresa de saber que hoy en día no existe un solo filósofo alemán.

5

A todo el sistema de educación superior en Alemania le falta hoy lo principal: la finalidad en primer lugar, y los medios para alcanzarla. Se ha olvidado que la instrucción es el fin y no el imperio, y para ese fin es necesario el educador, no el mero profesor de escuela o el erudito de universidad. Son necesarios educadores que hayan sido a su vez educados, espíritus superiores y nobles, que en todo momento sean dignos, ya con la palabra o el silencio, de su tarea; hombres maduros y «dulces»; no los eruditos en serie que hoy el liceo y la universidad ofrecen a la juventud como «niñeras superiores». Faltan los educadores, exceptuadas las excepciones de las excepciones, falta la primera condición de la educación: de ahí la decadencia de la cultura alemana. Una excepción única la constituye mi venerado amigo Jakob Burckhardt en Basilea: a él en primer lugar debe agradecerle Basilea su distinción en las humanidades. Lo que efectivamente obtienen las escuelas superiores de Alemania es el amaestramiento brutal de gran cantidad de jóvenes, para rendirlos, con la menor pérdida de tiempo posible, al servicio del Estado. «Cultura superior» y «gran número» son dos cosas que se contradicen *a priori.* La alta educación pertenece solo a los excepcionales: se debe ser privilegiado realmente para tener derecho a distinción tan alta. Nada hermoso o grande es bueno para todos: *pulchrum est paucorum hominum.* ¿Qué es lo que determina la decadencia de la cultura alemana? El hecho de que la educación superior no es ya más un privilegio; el democratismo de la instrucción general, que se ha vuelto común. No se debe olvidar que las dificultades de la carrera militar obligan formalmente a la excesiva concurrencia a las escuelas superiores. En la Alemania actual, ya nadie puede dar a sus hijos una buena educación: nuestras escuelas superiores han sido construidas sobre la mediocridad más equívoca, con respecto a sus profesores, a sus planes de enseñanza, a los fines de enseñanza. Y en todas partes reina una prisa indecorosa, como si se hubiera perdido algo por el hecho de que el joven a los veintitrés años no esté todavía pronto a dar una respuesta a la «cuestión principal»: ¿qué profesión? Una especie superior de hombres, dicho sea con permiso, no ama las «ocupaciones», precisamente porque sabe cómo ocuparse... Tiene tiempo, se toma tiempo, no piensa en «llegar pronto»: con treinta años es, en el sentido de la cultura más alta, un principiante, un niño. Nuestros liceos atiborrados, superconcurridos, nuestros estúpidos profesores de liceo, son un escándalo. Para defender dichas circunstancias, como han hecho recientemente los profesores de Heidelberg, habrá quizá motivos, pero nunca fundamentos.

## 6

Para no salir de mi estilo, que es afirmativo y que se ocupa solo por obligación de contradecir y criticar, estableceré tres razones que abonan la necesidad de educadores. Se debe aprender a ver, a pensar, a hablar y a escribir: el resultado de estas tres cosas es una cultura selecta. Aprender a ver, esto es: dirigir los ojos con calma, con paciencia, dejar venir a sí las cosas; suspender el juicio, girar en torno del caso particular por todos lados y aprender a comprender en su totalidad. Esta es la escuela del espíritu: no reaccionar de inmediato al estímulo, sino poseer los instintos objetantes y excluyentes. Aprender a ver, tal cual lo entiendo, es más o menos lo que el habla no filosófica llama voluntad fuerte: lo esencial del caso es no «querer», guardarse la posibilidad de decisión. Todo empobrecimiento del espíritu, toda mediocridad tienen que ver con la imposibilidad de oponer resistencia al estímulo: se debe reaccionar según el vaivén de cada impulso. En muchos casos tal necesidad es enfermiza, decadente, síntoma del agotamiento, casi todo lo que la bastedad afilosófica llama «lastre»: simplemente la total incapacidad de reaccionar. El provecho de haber aprendido a ver es este: el hombre, como aprendiz, se volverá más lento, desconfiado, resistente. Veremos las cosas extrañas venir con hostil tranquilidad, retiraremos las manos de ellas. El estar abiertos por los cuatro costados, el inclinarse servilmente frente a cada hecho insignificante, el precipitarse hacia la primera silla que se ofrece, apoyarse unos a otros y en los otros; en breve: la famosa «objetividad» moderna es de mal gusto, despreciable por excelencia.

## 7

Aprender a pensar: en nuestras escuelas se ha olvidado esto. Aun en las universidades, y a decir verdad, entre las auténticas gentes ilustradas, la filosofía, la lógica, comienzan a morir como teoría, práctica e instrumento. Léanse si no libros alemanes: ya no aparece en ellos ni el recuerdo de que para pensar es necesaria una técnica, un plan de aprendizaje, una voluntad de maestría; de que el pensar se aprende como la danza o como un cierto tipo de danza... ¿Quién entre los alemanes conoce todavía por experiencia aquel sutil estremecimiento que los pies ligeros de la inteligencia producen en cada músculo? La rígida torpeza de las tareas intelectuales, la mano inerte que ya no sabe aprehender: esto es hasta tal extremo alemán que en el extranjero es considerado como la esencia de lo alemán. El alemán carece de dedos para los matices... El hecho de que los alemanes hayan podido soportar a sus filósofos, sobre todo a aquel raquítico sutilizador de conceptos que fue Kant, no es una muestra pequeña de la gracia alemana. Ninguna forma de la danza puede ser descartada de una buena educación: la danza de los pies, de los conceptos y de las palabras; ¿es necesario agregar, aún, de la pluma, es decir, que se debe aprender a escribir? Pero en este punto me convertiría en enigma para los lectores alemanes...

## Incursiones de un intemporal

1

Mis imposibles:

Séneca: o el torero de la virtud. Rousseau: o el retorno a la naturaleza *in impuribus naturalibus*. Schiller: o la trompeta moral de Sackingen. Dante: o la hiena que poetiza entre tumbas. Kant: o «cant» (en inglés, algo así como guardar las apariencias) como carácter inteligible. Victor Hugo: o el faro en el mar del absurdo. Liszt: o la escuela de la ligereza —tras las mujeres—. George Sand: o sea *lactea ubertas*, la vaca lechera con «bello estilo». Michelet: o el entusiasmo en levita. Carlyle: o el pesimismo como sopa fría. John Stuart Mill: o la claridad ofensiva. Los hermanos Goncourt: o los dos Ajax en lucha con Homero; música de Offenbach. Zola: la alegría de heder.

## 2

Renan: Teología, o sea la corrupción de la inteligencia por efecto del «pecado original» (cristianismo). El testigo Renan apenas arriesga un «sí» o un «no» y bosteza con lamentable regularidad. Él quisiera unir, por ejemplo, la *science* y la *noblesse*: pero la *science* corresponde a la democracia, se toma con las manos. Con no poca ambición pretende representar la aristocracia del espíritu: pero cae de rodillas ante el *évangile des humbles* y no solo de rodillas... ¿De qué sirve toda la libertad de espíritu, la modernidad, la visión, la agilidad en los movimientos, cuando se ha permanecido cristiano, católico y hasta sacerdote de corazón? La invectiva de Renan, igual a la de un jesuita o un confesor, consiste en la seducción; su inteligencia no carece de la amplia sonrisa del fraile: hasta se vuelve peligroso, como todo sacerdote, cuando ama. Nadie le iguala en su peligrosa oración... Este espíritu de Renan, esta inteligencia enervante constituye un peligro más para la pobre Francia, enferma de la voluntad.

## 3

Sainte-Beuve: Nada de hombre en él; únicamente una cólera mezquina contra todo espíritu varonil. Vaga de aquí para allá, cobarde, curioso, aburrido, escrutador: una mujerzuela en el fondo, con una femenina avidez de venganza y con femenina sensualidad. Como psicólogo, un genio de la *médisance*; inagotablemente rico en los procedimientos apropiados; nadie sabe mejor mezclar veneno a una alabanza. Plebeyo en sus instintos más bajos y emparentado al resentimiento de Rousseau: romántico en consecuencia, ya que tras todo romanticismo gruñe y se agita el instinto vengativo de Rousseau. Revolucionario, pero, por miedo, contenido en sus límites. El menos libre de todos frente a las instituciones del poder (opinión pública, Academia, Corte, y aun Port-Royal). Amargado contra todo lo grande en los hombres y las cosas, contra todo lo que tiene confianza en sí mismo. Suficientemente poeta y femenino como para concebir a la grandeza como poder; continuamente retorciéndose como aquel famoso gusano, porque se siente constantemente pisoteado. Falto de criterio como crítico, sin punto de apoyo o espina dorsal; con la frívola lengua del libertino cosmopolita, pero sin el coraje de reconocer su libertinaje. Como historiador de la filosofía carece de fuerza en la percepción filosófica; por esto, en todas las cosas esenciales, declina la función de juez y se coloca sobre el rostro la «objetividad» como máscara. De modo diferente se comporta con respecto a aquellas cosas en que un gusto matizado y fino constituye la última instancia: allí adquiere el valor de sí mismo, el placer de sí mismo allí es maestro. En ciertos aspectos anuncia a Baudelaire.

4

La *Imitación de Cristo*: Pertenece a los libros que no puedo tener entre las manos sin una oposición psicológica: hiede con el perfume del eterno femenino, para soportar el cual se debe ser francés... o wagneriano. Este santo tiene un modo de hablar del amor que volvería curiosas a las mismas parisinas. Se me dice que aquel jesuita tan inteligente, Augusto Comte, que quiso conducir a sus conciudadanos hacia Roma a través del atajo de la ciencia, se inspiró en este libro. Lo creo: es la «religión de los corazones»...

5

G. Eliot: Ellos se han desembarazado del Dios cristiano y creen deberse aferrar a la moral cristiana con tanta más razón: esta es la lógica a la inglesa; no queremos estropearles su moral femenina a lo Eliott. En Inglaterra se debe, por cada pequeña emancipación de la teología, recuperar el honor mostrándose fanático de la moral hasta inspirar terror. Esta es la multa que se paga allí. Para nosotros las cosas son diferentes. Cuanto se abandonan las creencias cristianas, nos desembarazamos también del derecho a la moral cristiana. Esta no resulta comprensible sin la fe: en contra de las superficiales cabecitas inglesas, se debe aclarar y recalcar este punto. El cristianismo es un sistema, una visión coherente de las cosas. Si se suprime un concepto principal, la creencia en Dios, por ejemplo, se resquebraja también el todo: ya no queda entre los dedos nada que se sostenga por sí mismo. El cristianismo sienta como principio que el hombre no sabe ni puede saber lo que es bueno o malo para él: cree en Dios, que es el único que lo sabe. La moral cristiana es una orden, un mandamiento; su origen es trascendente; está más allá de toda crítica y de todo derecho a la crítica; es verdadera en tanto Dios sea verdadero: se sostiene y cae con la creencia en Dios. Si los ingleses de hecho creen saber «intuitivamente» lo que es bueno o malo, y no tener necesidad del cristianismo como garantía de la moral, lo que están demostrando en realidad es el poder que aún poseen los juicios de valor cristianos, la fuerza y la profundidad de su señorío. El origen de la moral inglesa ha sido olvidado y no se advierte por lo tanto el férreo condicionamiento de su derecho a la existencia. Para el inglés la moral no es ningún problema... todavía.

## 6

George Sand: He leído las primeras *Lettres d'un voyageur*: como todo lo que, directa o indirectamente, proviene de Rousseau, son falsas, exageradas, artificiosas. No me gusta este estilo de alfombra policroma; como tampoco puedo soportar esta plebeya ambición por sentimientos generosos. Lo peor, sin embargo, es su coquetería femenina unida a actitudes hombrunas, modales de joven maleducado. Qué fría debió de ser, después de todo, esta artista intolerable. Se dio cuerda como un reloj y escribió... fríamente, como Hugo, como Balzac, como todos los románticos, a pesar de que poetizaban. Qué pagada de sí misma debió haber sido esta ubérrima vaca escribiente; tuvo algo de alemana, en el peor sentido de la palabra, del mismo modo que Rousseau, su maestro; dicho fenómeno solo puede concebirse en una época de decadencia del gusto francés. Pero Renan la veneraba...

## 7

Moral para psicólogos:

No hagamos una psicología de librero de feria. ¡Jamás observar por observar! Esto da una óptica falsa, nos hace bizcos, produce cosas forzadas y exageradas. El experimentar por experimentar no sirve. Durante la experiencia no vale observarse a sí mismo, pues así toda mirada se vuelve mala. Un psicólogo nato se cuida de mirar por mirar; lo mismo vale para pintores natos: no trabajan «del natural», sino que dejan a sus instintos, a la «cámara oscura» revelar y expresar el «caso», la «naturaleza», lo «vivido». Lo general le llega siempre como conclusión y resultado: desconoce la caprichosa abstracción a partir de un caso particular.

¿Qué sucede, cuando se procede de otra manera? ¿Si, a modo de novelista parisiense, se hace psicología de vendedor ambulante? Se acecha la verdad, se trae al fin de cada día un puñado de curiosidades a casa... De este modo, se percibe solamente el efecto último: una colección de borrones, un mosaico en el mejor de los casos, pero siempre una adición, un pegote, inane, con colores que gritan. A los Goncourt les ha tocado la peor parte: son incapaces de hilar tres frases que no hieran el ojo, el ojo del psicólogo. La naturaleza, apreciada artísticamente, no es ningún modelo. Ella exagera, distorsiona, deja claros. La naturaleza es lo contingente. El estudio «del natural» me parece un mal signo: revela sujeción, debilidad, fatalismo: el arrodillarse frente a los *petits faits* es indigno de un artista. Ver lo que es corresponde a otra especie de espíritus, los antiartísticos, los objetivos. Se debe saber quién se es.

## 8

Para la psicología del artista:

Para que haya arte, para que exista un fenómeno o mirada estética, es necesaria la siguiente condición fisiológica: la embriaguez. La embriaguez debe primero levantar el nivel de excitabilidad de toda la máquina: de otro modo no se llega al arte. Para lo cual todos los tipos de embriaguez son idóneos: antes que nada, la embriaguez de la excitación sexual, la forma más antigua, originaria, de la embriaguez. Del mismo modo, la embriaguez proveniente de un fuerte deseo o emoción; la embriaguez de la fiesta, de la lucha, del trozo de bravura, de la victoria, es decir, de todo movimiento extremo; la embriaguez de la crueldad; la embriaguez de destrucción, la embriaguez relacionada con los cambios meteorológicos, como por ejemplo la embriaguez primaveral; o bajo el influjo de narcóticos; por fin la embriaguez de la voluntad, de una voluntad acumulada y gigante.

Lo esencial de la embriaguez es la sensación del acrecentamiento de fuerzas y de plenitud. El hombre, así poseído, se entrega a las cosas, las obliga a que se apoderen de él, las violenta; a este proceso se llama idealización. Hay que deshacerse de un prejuicio: la idealización no consiste, como se cree generalmente, en un separar y aniquilar lo que es pequeño y accesorio. Lo decisivo es más bien un gigantesco crecimiento de los rasgos principales, de manera que los otros desaparecen.

9

Todo en ese estado queda dominado por la plenitud interior: lo que se ve, lo que se desea, se ve ardiente, transportado, fuerte, recargado de fuerza. El hombre en este estado transfigura las cosas hasta que estas reflejen su poder, son reflejos de su propia perfección. Este imperativo transformador en perfección es el arte. En este goce de sí mismo, todo lo que no es hombre se vuelve humano; en el arte se conoce el hombre como perfección.

Sería posible concebir un estado opuesto, una disposición antiartística de los instintos, una manera de ser que transformase las cosas en más pobres, más débiles, más perecederas. La historia es, de hecho, rica en tales antiartistas, en tales hambrientos de la vida: los cuales necesariamente se apropian de las cosas, pero para consumirlas, para volverlas más frágiles y flacas. Este es el caso, por ejemplo, de los verdaderos cristianos, de Pascal por ejemplo: un cristiano artista es imposible... Dejemos de ser piadosos por un momento y comparemos a Rafael con cualquier cristiano homeopático del siglo XIX: Rafael dijo que sí, fue positivo; en consecuencia, no fue cristiano.

## 10

¿Cuál es el sentido de la oposición conceptual «apolíneo-dionisíaco» introducida por mí en la estética? Son dos tipos de embriaguez. La embriaguez apolínea excita ante todo al ojo, deviene fuerza de la visión. El pintor, el escultor, el artista épico son visionarios por excelencia. La embriaguez dionisíaca, por otro lado, excita y espiritualiza todo el sistema emocional: de modo que de un solo golpe descarga todos los medios de expresión y la fuerza de la representación, se relaciona con todas las formas de la transfiguración, de la metamorfosis, todo tipo de mímica y de arte teatral. Lo esencial es la facilidad en la metamorfosis, la incapacidad de no verse afectado por ella (como ciertos histéricos que, a la menor incitación, asumen un papel). Es imposible para el hombre dionisíaco no comprender las sugestiones, o pasar por alto cualquier signo de la emoción: posee en el más alto grado el instinto de comprensión y de explicación, lo mismo que el más alto grado de idoneidad comunicativa. Penetra en cada piel, en cada emoción: se transforma continuamente. La música, tal cual la entendemos hoy, es al mismo tiempo excitación y descarga de todas las emociones; y, sin embargo, solo un residuo de un mundo de expresión de emociones mucho más completo, el sobrante del arte histriónico dionisíaco. Al permitir la existencia de la música como arte específico el hombre reduce a la inmovilidad una gama de sentidos, ante todo el sentido muscular (aunque en cierto grado todo ritmo habla a nuestros músculos), de modo que no todo lo que se experimenta puede ser representado vívidamente acto seguido. A pesar de lo cual la música es el estado dionisíaco típico, el estado originario; la música es la especificación, lentamente alcanzada, a costa de la pérdida de potencialidades vecinas.

## 11

El actor, el mimo, el bailarín, el músico, el poeta lírico están básicamente emparentados por sus instintos y son en definitiva idénticos, aunque progresivamente especializados y separados unos de otros, hasta volverse contradictorios. El poeta lírico es el más cercano al músico; el actor y el bailarín están próximos. El arquitecto no es ni apolíneo ni dionisíaco: aquí el gran acto de voluntad, la voluntad que transporta las montañas, la ebriedad de la gran voluntad es el imperativo del arte. Los hombres poderosos han inspirado siempre a los arquitectos; la arquitectura ha estado siempre bajo la sugestión del poder. En la construcción se aseguran el orgullo, la victoria sobre la pesantez, la voluntad de poder; la arquitectura es una especie de elocuencia del poder en las formas, a ratos convincente, aduladora o simplemente imperativa. El más grande sentimiento de poder y seguridad se expresa en las formas de gran estilo. El poder, que ya no tiene necesidad de demostración, que se avergüenza de caer, que responde difícilmente, que no tiene testigos, que vive inconsciente de posibles objeciones, que reposa en sí mismo, fatalista, una Ley entre leyes: de todo esto habla por sí el gran estilo.

## 12

He leído la vida de Thomas Carlyle, esa farsa inconsciente e involuntaria, esa interpretación heroico-moral de estados dispépticos. Carlyle, hombre de palabras y gestos fuertes, retórico por necesidad, continuamente exasperado por el deseo de una gran fe y por el sentimiento de ser incapaz de conseguirla (en esto, un romántico típico). El deseo de una gran fe no es la prueba de una gran fe, sino más bien su contrario. Cuando se tiene esta fe, nos podemos permitir el lujo del escepticismo; estamos bastante seguros, bastante ligados para permitírnoslo. Carlyle quiere acallar alguna cosa dentro de sí mediante el *fortissimo* de su veneración hacia los hombres de gran fe y mediante su furor contra los menos sencillos: necesita el estruendo. Una constante apasionada deslealtad hacia sí mismo es su rasgo propio, y por este rasgo es, y sigue siendo, interesante. Ciertamente, en Inglaterra es admirado precisamente a causa de su lealtad... Pues bien, esto es típicamente inglés; y considerando que los ingleses son el pueblo del perfecto «cant» (cuidado de las apariencias) no solo es comprensible, sino también justo. En el fondo, Carlyle es un ateo inglés, que cifra su honor en no serlo.

13

Emerson:

Es mucho más iluminado, vagabundo, múltiple, más refinado que Carlyle, y ante todo, más feliz... Es un hombre que instintivamente se nutre de ambrosía, y desprecia lo que en las cosas no es digerible. Comparado con Carlyle, es un hombre de gusto. Carlyle, que le quería mucho, dice, sin embargo, de él: «No nos da bastante que morder»; esto puede decirse con verdad, pero no perjudica a Emerson. Tiene aquella serenidad benévola y espiritual que descorazona a toda seriedad: no sabe en absoluto cuán viejo es y cuán joven aún será; podría decir de sí mismo con una expresión de Lope de Vega: «yo me sucedo a mí mismo». Su entendimiento encuentra siempre motivos para estar contento y agradecido a sí mismo, y a veces linda con la serena trascendencia del hombre de bien que vuelve de la cita amorosa *tanquam re bene gesta. Ut desint vires*, decía agradecido, *tamen est laudanda voluptas.*

14

Anti-Darwin:

En cuanto a la famosa «lucha por la vida», me parece por ahora más afirmada que demostrada.

Esta se presenta, pero como excepción; el aspecto general de la vida no es el estado de necesidad, el hambre, sino más bien la riqueza, la abundancia y hasta la dilapidación absurda. Donde se lucha, se lucha por el poder... No se debe confundir a Malthus con la naturaleza. Suponiendo que se dé esa lucha —y se da de hecho— se desarrolla en un sentido contrario al deseo de la escuela de Darwin, a lo que sería, tal vez, deseable: no en favor de los fuertes, de los privilegiados, de las felices excepciones. Las especies no se desarrollan en la felicidad: los débiles gravitan cada vez más sobre el poderoso señor. El poder está constituido por el gran número. Ellos son también los más hábiles... Darwin olvidó el espíritu (esto es inglés), y los débiles tienen más espíritu. Se debe tener necesidad del espíritu para volverse espiritual, y se lo pierde cuando ya no se tiene necesidad de él. El que posee la fuerza prescinde del espíritu (dejad hacer, se piensa hoy en Alemania, siempre nos quedará el imperio). Como se ve, por espíritu entiendo yo la prudencia, la paciencia, la astucia, la simulación, el gran dominio de sí mismo y todo lo que es *mimicry* (a esta última pertenece una gran parte de la llamada virtud).

## 15

Casuística psicológica:

Este es un conocedor de los hombres; ¿para qué los estudia realmente? Quiere sacar de ello pequeñas ventajas, y también grandes: ¡es un político! También aquel es un conocedor de los hombres, y me dicen: no quiere nada para sí, es un gran impersonal. Pero hay que mirar más hondo. Tal vez no busque sino una ventaja mayor: sentirse superior a los hombres, tener derecho a mirarlos de arriba abajo sin confundirse con ellos. Este «impersonal» desprecia a los hombres, y el político es la especie más humana, a pesar de las apariencias. Él, por lo menos, se sitúa en el mismo plano, mira desde dentro...

## 16

El tacto psicológico de los alemanes me resulta cuestionable en muchos casos, que no quiero citar por modestia. Ninguno de estos casos dejaría de brindarme la oportunidad de fundar en él mi tesis: reprocho a los alemanes el haberse dejado engañar por Kant y su filosofía de las «puertas traseras», como me gusta llamarla. Kant no fue precisamente el prototipo de la honradez intelectual. Otra cosa que no puedo oír es una malfamada conjunción: «y». Los alemanes dicen siempre: «Goethe y Schiller», aunque yo pienso que dicen más bien «Schiller y Goethe»; ¿es que todavía no se conoce a este Schiller... Pero todavía hay conjunciones peores: con mis propios oídos, y entre profesores universitarios, he podido oír: «Schopenhauer y Hartmann»...

## 17

Los hombres de espíritu, suponiendo, además, que sean los más enérgicos, son quienes padecen, en toda su envergadura, las tragedias más dolorosas; pero son por ello quienes honran la vida, pues esta se opone a ellos en toda su plenitud de gran adversaria.

## 18

Para la conciencia intelectual:

Nada me parece hoy más raro que la verdadera hipocresía. Tengo la sospecha de que su crecimiento no se compagina con el aire tibio de nuestra cultura. La hipocresía pertenece a la era de las creencias sólidas, cuando, ni siquiera al verse obligado a adherirse a una nueva fe, se renunciaba a la fe que se profesaba. Hoy una creencia se abandona por otra, las nuevas doctrinas son aceptadas sin dificultad: en cada caso se mantiene la sinceridad. Sin duda, un número mucho mayor de convicciones está permitido hoy en día: permitido, posible, inocuo. Estas convicciones viven en buen acuerdo: se guardan, como todo el mundo se guarda hoy, de comprometerse. ¿Cómo nos comprometemos hoy? Teniendo coherencia. Siguiendo la línea recta. Teniendo menos de cinco significaciones. Manteniéndonos puros... Me asaltan temores de que el hombre moderno sea sencillamente demasiado cómodo para ciertos vicios: tanto, que estos vicios mueren. Todo mal que tiene por condición una firme voluntad —y quizá no hay mal sin fuerza de voluntad— degenera en virtud en nuestra atmósfera tibia... Los pocos hipócritas que yo he conocido parodiaban la hipocresía, eran actores como hoy en día la décima parte de los hombres.

19

Bello y feo:

Nada es más condicionado, digamos limitado, que el sentimiento de lo bello. Quien, abstraído del humano placer, pretenda entender a los hombres pierde el suelo bajo los pies. Lo «bello en sí» es simplemente una expresión, jamás un concepto. En lo bello, el hombre se pone a sí mismo como medida de perfección; en ciertos casos, se adora a sí mismo. Una especie no puede sino de este modo afirmarse a sí misma. Su instinto más profundo, el de la autoconservación y autoexpansión, irradia aun en las expresiones más sublimes. El hombre cree que el mundo está cargado de belleza: se olvida como causa de dicha belleza. Él se ha hecho a sí mismo el regalo de la belleza: de una belleza, ay, demasiado humana... En el fondo, es el hombre quien se refleja en las cosas: tiene por bello lo que le devuelve su imagen: el juicio «bello» no es sino la vanidad de su especie... El escéptico puede deslizar la siguiente pregunta irritada en el oído: ¿resulta el mundo realmente embellecido por el hecho de que el hombre lo toma por bello? El mundo, simplemente, se ha humanizado: eso es todo. Pero nada, absolutamente nada, nos garantiza que el hombre haya realmente proporcionado el modelo de la belleza. ¿Quién sabe cuál sería el juicio que él provocaría a los ojos de un juez más excelente del gusto? ¿Tal vez arriesgado? ¿Tal vez alegre? ¿Tal vez un poco arbitrario? «¡Oh, Dioniso divino!, ¿por qué me tiras de las orejas?», preguntó una vez Ariadna a su filosófico amante en uno de aquellos famosos diálogos de Naxos. «Encuentro algo humorístico en tus orejas, Ariadna: ¿por qué no son más largas?»

20

Nada es bello, solo el hombre es bello: sobre esta ingenuidad se basa toda la estética, es su primera verdad. Agreguemos la segunda: nada es más feo que el hombre degenerado; con esto se ensancha el dominio del juicio estético. Fisiológicamente hablando, toda fealdad debilita y perturba al hombre. Le recuerda la caída, el peligro, la impotencia, y le hace perder fuerza efectivamente. Con el dinamómetro se puede medir el efecto de la fealdad. Dondequiera que el hombre esté oprimido, se encuentra en la cercanía de lo «horrible». Su sensación de poder, su voluntad de poder, su energía, su orgullo decaen con lo feo, aumentan con lo bello... De uno como de otro caso sacamos en conclusión que las premisas de este hecho radican en proporción gigantesca en los instintos. Lo feo es experimentado como índice o síntoma de degeneración: lo que, aun de un modo lejano, recuerda a la degeneración, es calificado como «feo». Cada signo de agotamiento, de pesantez, de vejez, de cansancio, toda carencia de libertad como la crispación y la parálisis, y ante todo el olor, el color, la forma de la disolución, de la putrefacción (aun en sus atenuaciones simbólicas): todo esto convoca la misma reacción, provoca el mismo juicio de valor: «feo». De todo esto surge el odio; pero ¿qué es lo que el hombre odia allí? No hay duda al respecto: odia la decadencia de su tipo. Odia a partir de los instintos más profundos de la especie: en este odio hay estremecimiento, previsión, profundidad: es el odio más profundo que concebirse pueda. Y a su medida, es profundo el arte.

## 21

Schopenhauer:

Schopenhauer, el último alemán digno de ser tomado en consideración (y que iguala, como acontecimiento europeo, a Goethe, a Hegel, a Heinrich Heine, constituyéndose no ya en fenómeno local sino «nacional») es para un psicólogo un fenómeno de primera fila. A saber, en calidad de una tentativa, malignamente genial, de hacer aparecer las grandes afirmaciones de la «voluntad de vivir», de las formas exuberantes de la vida como instrumentos de la instancia opuesta: la desvalorización genérica y nihilista de la vida. Ha presentado al arte, al heroísmo, al genio, a la belleza, a la gran compasión, al entendimiento, a la voluntad de verdad, a la tragedia, en su orden como consecuencias de la «negación» o de la necesidad de negación de la «voluntad». Descartando al cristianismo, es la mayor emisión de moneda falsa que registra la historia. Aunque en esto es simplemente el heredero de la interpretación cristiana; pero llegó a aprobar en un sentido cristiano, o sea nihilista, aun aquello mismo que el cristianismo rechazó, los grandes hechos de la cultura de la humanidad (los aprobó como camino de redención, como formas preliminares de la «redención», como estímulos a las necesidades de «redención»...).

## 22

Tomo un caso aislado. Schopenhauer habla de la belleza con apasionamiento melancólico; ¿por qué en última instancia? Porque en ella ve un puente por el que el hombre puede avanzar, o se vuelve sediento de avanzar... Es para él la momentánea liberación de la voluntad; nos invita a liberarnos de ella para siempre... Particularmente la aprecia como redentora del «foco de la voluntad», de la concupiscencia: en la belleza ve negado el instinto de la procreación... ¡Santo maravilloso! Alguien te contradice, lo temo: es la naturaleza. ¿Para qué existe la belleza en el sonido, color, olor, movimiento rítmico en la naturaleza? ¿Qué es lo que provoca la aparición de lo bello? Afortunadamente, también un filósofo contradice a Schopenhauer. No menos que el divino Platón (así lo llama el mismo Schopenhauer), que sostiene la afirmación contraria: que toda belleza excita la fecundidad, que esto es lo específico de su efecto, tanto en el terreno de los sentidos como en el de la inteligencia...

23

Platón va más allá. Dice, con una inocencia para la que hay que ser griego y no cristiano, que la filosofía platónica no existiría si los jóvenes de Atenas no fueran tan bellos: su contemplación sería el estímulo que transportase el alma del filósofo al delirio erótico, sin dejarlo en paz hasta que hubiese esparcido en un mundo tan bello la semilla de todas las cosas grandes. ¡También este es un santo extraño! En este caso, aun confiando en Platón, desconfiaríamos de nuestros oídos. Pero al menos debemos admitir que en Atenas se filosofaba diversamente que hoy en día; ante todo, más abiertamente. Nada más lejano a los griegos que las telarañas de conceptos de un solitario, el *amor intellectualis dei* al modo de Spinoza. La filosofía según Platón podría definirse más bien como un combate erótico, como un perfeccionamiento y una interiorización de la antigua gimnástica agonal y de sus presupuestos... ¿Qué es lo que en última instancia engendró la filosofía erótica al modo de Platón? Una nueva forma artística de la lucha griega: la dialéctica. Todavía he de mencionar, en contra de Schopenhauer y para gloria de Platón, que la literatura, y en general la cultura de la Francia clásica, nació del suelo del interés sexual. Debe buscarse en ella la galantería, la sensualidad, la lucha de los sexos, lo «femenino» como sus constantes —de otro modo jamás y en absoluto se buscaría nada.

## 24

*L'art pour l'art:*

La lucha contra la finalidad en el arte es siempre la lucha contra la tendencia moralizadora, contra la subordinación a la moral. *L'art pour l'art* quiere decir: «¡que se vaya al diablo la moral!». Pero aun esta enemistad, esta lucha, demuestra la importancia del prejuicio. El hecho de que apartemos del arte el fin de prédica moral y de mejoramiento humano no quiere decir en absoluto que el arte no tenga finalidad, propósito o sentido, es decir, que sea *l'art pour l'art* (un gusano que se muerde la cola). «Antes ningún fin que un fin moral»: así habla la pasión desnuda. Un psicólogo objeta: ¿qué es lo que el arte lleva a cabo? ¿No alaba? ¿No honra nada? ¿No elige? ¿No extrae? Con todo esto fortalece o debilita ciertos juicios de valor... Pero ¿es esta acción meramente secundaria, lateral al arte, o contingente? ¿Algo que, en definitiva, no tiene nada que ver con el instinto artístico? Y este instinto artístico, en lo que tiene de más profundo, ¿tiende puramente hacia el arte o más bien hacia el sentido del arte, o sea hacia la vida, hacia la vida deseable? El arte es el gran estímulo de la vida: ¿cómo puede entonces pensarse que carezca de propósito, entenderlo como *l'art pour l'art*? Una cuestión queda pendiente: el arte también presenta mucha fealdad, dureza, confusión de la vida; ¿no parece así apartarse de ella? Y además, de hecho, hubo filósofos que leyeron en el arte este sentido: «librarse de la voluntad»; Schopenhauer vio en el «llamado a la resignación» el gran beneficio de la tragedia. Pero esta (ya lo he dado a entender) es óptica de pesimistas y «mal de ojo». Para resolver el conflicto, se debe apelar al artista. ¿Qué es lo que de sí mismo nos comunica el artista trágico?

¿No es acaso el estado de no temor frente a lo temible y enigmático? Este estado de ánimo, en sí mismo, es cosa altamente deseable; quien lo conoce lo venera. Y lo comunica, debe comunicarlo si es un artista, un genio de la comunicación. El coraje y libertad de sentimiento frente a un enemigo poderoso, o a males sublimes, o a un aterrador problema, este estado de ánimo victorioso es el que el artista trágico elige y glorifica. Nuestro espíritu guerrero celebra en la tragedia sus saturnales; a quien tiene el hábito del sufrimiento, a quien busca el sufrimiento, al hombre heroico que exalta con la tragedia su existir, el artista trágico ofrece —y a él solo— la copa de más dulce crueldad.

## 25

Encontrarse a gusto con los hombres, recibirlos con el corazón abierto es liberalidad, pero nada más que liberalidad. Los corazones capaces de noble y hospitalaria amistad son reconocibles por sus muchas ventanas cerradas y locales desiertos: sus mejores alcobas se mantienen vacías. ¿Por qué? Porque esperan huéspedes, con los cuales es imposible sentirse a gusto...

26

No nos estimamos lo suficiente cuando nos comunicamos. Nuestras auténticas experiencias no son en absoluto conversadoras. No podrían comunicarse, aun queriendo, pues les falta su palabra. De lo que tiene palabra, ya estamos fuera. En toda conversación hay un grano de desprecio. El lenguaje, según parece, existe solo para lo mediocre, lo común comunicable. Quien habla se vulgariza a través del lenguaje. (De una moral para sordomudos y otros filósofos.)

27

«¡Este cuadro es maravillosamente hermoso!»... La mujer literata, descontenta, irritada, vacía de corazón y de entrañas, que escucha asiduamente y con dolorosa curiosidad el imperativo del fondo de su organismo, murmura: *aut liberi aut libri*; la mujer literata, bastante culta como para comprender la voz de la naturaleza aun cuando esta hable latín, y por otro lado, bastante vanidosa y gansa para hablar secretamente consigo misma en francés y decirse: *je me verrai, je me lirai, je m'extasierai et je dirai: Possible, que j'aie eu tant d'esprit?*

## 28

Tienen la palabra los «impersonales»:

«Nada nos es más fácil que la sabiduría, paciencia y reflexión. Chorreamos óleo de indulgencia y de simpatía, somos justos hasta el aburrimiento, lo perdonamos todo. Precisamente por lo cual debemos adoptar una actitud algo severa; permitirnos por lo cual, de vez en cuando, un pequeño afecto, un pequeño vicio afectuoso. Puede irnos mal, y entonces reímos entre nosotros, tal vez, del aspecto que tomamos. ¡Pero qué se le va a hacer! No nos queda otro modo de vencernos a nosotros mismos: esta es nuestra ascética, nuestra penitencia»... Devenir personales... la virtud de los «impersonales».

## 29

De una promoción doctoral:

«¿Cuál es la finalidad de toda educación superior?» Hacer del hombre una máquina. «¿Cuál es el medio para lograrlo?» Estudiar, aburrirse. «¿Cómo se alcanza esta disciplina?» A través de la noción del deber. «¿Cuál es el prototipo para el caso?» El filólogo: enseña a empollar. «¿Cuál es el hombre perfecto?» El funcionario estatal. «¿Cuál es la filosofía que sienta el modelo del funcionario?» La de Kant: el funcionario estatal como cosa en sí instituido en juez del funcionamiento estatal como fenómeno.

## 30

El derecho a la idiotez:

El trabajador cansino, de lenta respiración, de mirada blanda, que acepta las cosas tal cual vienen: esta figura típica hoy (en la era del trabajo y del Reich) de toda la escala social, ha adquirido también pretensiones artísticas, comprendido el libro, el periódico, y con mayor razón, la bella naturaleza, Italia... El hombre del crepúsculo, de «instintos salvajes adormecidos», según la expresión de Fausto, tiene necesidad de la frescura estival, de los baños de mar, de los glaciares, de Bayreuth... En una época como esta el arte tiene derecho a la pura locura, como a una especie de vacaciones del espíritu, del intelecto y del sentimiento. Esto lo comprendió Wagner. La pura locura restablece...

## 31

Otro problema dialéctico:

Los medios según los cuales Julio César se defendió contra enfermedades y jaquecas: largas caminatas, vida simple, permanencia continuada al aire libre; estas son, *grosso modo*, las medidas de conservación y protección contra la extrema vulnerabilidad de la máquina sutil, y que trabaja a muy alta presión, llamada genio.

## 32

Habla el inmoralista:

Nada repugna tanto al filósofo como el hombre que tiene deseos... Si considera solamente sus actos, si observa a este animal tan valeroso, astuto, resistente, errar entre sus necesidades laberínticas, qué maravilloso le parece el hombre. Hasta le hace promesas... Pero el filósofo desprecia al hombre que desea, aun al hombre «deseable» y, en general, a todas las cosas deseables, a todos los ideales del hombre. Si en algún momento el filósofo pudiera ser nihilista, lo sería, pues encuentra a la nada detrás de todos los ideales del hombre. O tal vez no solamente la nada, sino lo que no vale nada, lo absurdo, lo enfermo, lo cobarde, lo cansino, toda clase de heces de la copa vacía de su vida... ¿Cómo se explica que el hombre, siendo tan venerable como realidad, no le merezca atención en tanto desea? ¿O más bien debe expiar de tal modo el hecho de ser tan valioso como realidad? ¿Debe compensar su actuar, la tensión de inteligencia y voluntad necesaria a todo actuar, con un cierto desperezamiento imaginario y absurdo? Hasta hoy, la historia de sus deseos fue el costado vergonzoso del hombre: había que tratar de leer en ellos lo menos posible. Lo que justifica al hombre es su realidad —y esta lo justificará siempre—. ¿De cuánto más valor es el hombre real comparado con uno meramente deseado, soñado, con un hombre puramente de calumnias y patrañas? Con un hombre ideal, en suma... Y solo el hombre ideal repugna al paladar de los filósofos.

33

Valor natural del egoísmo:

El egoísmo tiene tanto valor cuanto es el valor fisiológico del egoísta: puede ser muy valioso, puede no valer en absoluto y ser despreciable. En cada caso particular, podrá ser juzgado según su referencia a la línea ascendente o descendente de la vida. Así es el individuo, así es el egoísmo. Si el individuo representa la ascensión de la línea, su valor es, efectivamente, extraordinario, y por amor a la vida colectiva, la cual da con él un paso más, la preocupación de conservarse y de crear sus mejores condiciones posibles tiene derecho a ser extraordinaria. El particular, el «individuo», como hasta ahora lo han entendido el pueblo y el filósofo, es un error: no es nada por sí, no es un átomo, un «anillo de la cadena», nada simplemente heredado de otros tiempos, es toda la única línea «hombre» hasta él, incluido... Si, por el contrario, representa la evolución descendente, la decadencia, la degeneración crónica, la enfermedad (las enfermedades son ya, en general, consecuencias, y no causas, de la decadencia), entonces le corresponde poco valor, y la más elemental equidad requiere que quite lo menos posible a los hombres bien constituidos. Es solamente un parásito de estos...

34

Cristiano y anarquista:

Cuando el anarquista, como personero de sectores decadentes de la sociedad, reclama, con bella indignación, «derecho», «justicia», «igualdad», no es sino la víctima de su propia incultura, que lo incapacita para comprender cuáles son sus verdaderas carencias, cuál es su pobreza, pobreza de vida... La tendencia a buscar las causas es fuerte en él: todos son culpables de que él se encuentre mal... Además, su «bella indignación» lo reconforta; injuriar es un placer para el pobre diablo: le proporciona una módica embriaguez de poderío. La lamentación, el dolerse de sí mismo estimula la vida y la hace soportable; en toda lamentación hay una pequeña dosis de venganza: se arroja el malhumor, y en ciertas circunstancias la maldad misma, sobre aquellos que se encuentran en otro estado, como si este fuera una culpa, un privilegio ilícito. «Si yo soy basura, canalla, tú también lo eres»: sobre esta lógica se edifican las revoluciones. El lamentarse de sí mismo jamás sirve para nada: nace de la debilidad. Atribuir el hecho de encontrarse mal a otros o a sí mismo (el socialista hace lo primero, el cristiano lo segundo) no establece ninguna diferencia auténtica. Lo común en los dos casos, lo indigno, es que alguien deba ser culpable por los padecimientos; en resumen, que el sufriente se administre, contra su sufrimiento, la miel de la venganza. Los objetos de la necesidad vengativa (que es una necesidad de placer) son circunstanciales, oportunistas: el sufriente encuentra por doquier causas en que enfriar sus pequeñas venganzas; si es cristiano, las encuentra en sí mismo. El cristiano y el anarquista son ambos decadentes. El cristiano enjuicia, calumnia y ensucia al mundo basándose en los mismos instintos según los cuales el obrero socialista condena, calumnia y ensucia a la sociedad. El Juicio Final es el dulce consuelo de la venganza; la revolución, tal como el obrero socialista la imagina, también, salvo que más diferida... El «más allá» solo es un medio para ensuciar el más acá.

## 35

Crítica de la moral decadente:

Una moral «altruista», una moral frente a la cual el egoísmo entristece, es en todas circunstancias un mal signo. Esto vale para los individuos y para los pueblos. Cuando les falta el egoísmo les falta lo mejor. Elegir instintivamente el daño a uno mismo, ser atraído por motivos «desinteresados», equivale casi a la fórmula de la decadencia. «No buscar el provecho propio» es simplemente la hoja de parra de un hecho fisiológico: «Ya no estoy en situación de buscar mi provecho». Disgregación de los instintos: cuando el hombre se vuelve altruista, quiere decir que está acabado. En vez de decir ingenuamente: «Ya no sirvo para nada», reza la mentira moral en boca del decadente: «Nada tiene valor, la vida carece de valor». Tal juicio es en último término un gran peligro: produce efectos contagiosos; sobre el cuerpo mórbido de la sociedad crece como vegetación tropical en trama de conceptos, ya como religión (cristianismo) ya como filosofía (Schopenhauer). Bajo ciertas circunstancias esa vegetación venenosa, surgida de la putrefacción, puede con sus exhalaciones envenenar la vida durante milenios...

36

Moral para médicos:

El enfermo es un parásito de la sociedad. Bajo ciertas circunstancias es inconveniente vivir por más tiempo. El continuar vegetando en dependencia de médicos y practicantes, cuando se ha perdido el sentido y el derecho a la vida, debería motivar un profundo desprecio por parte de la sociedad. Los médicos por su parte deberían ser los mediadores de dicho desprecio: no administrar nuevas recetas, sino sentir náuseas frente a sus pacientes. Habría que crear un nuevo sentido de responsabilidad médica que llevara a eliminar, a descartar sin consideraciones la vida degenerada, en los casos en que lo exija la vida ascendente, el derecho de engendrar, el derecho de nacer, el derecho de vivir... Morir orgullosamente, cuando ya no sea posible vivir con orgullo. La muerte elegida de manera voluntaria, en el momento adecuado, con clara alegría, rodeado de niños y testigos: de modo que todavía sea posible una verdadera despedida, cuando el que se despide existe todavía y todavía es posible una valoración real de lo que se ha conseguido y de lo que se ha querido, en definitiva, de la vida. Todo esto está en contradicción con la lamentable y estremecedora comedia que el cristianismo ha instituido para la hora de la muerte. No se debe olvidar nunca que el cristianismo ha abusado de la debilidad del moribundo para llevar a cabo un estupro de la conciencia, que ha abusado del mismo modo de la muerte para hacer una valoración del hombre y de su pasado. Aquí ha de hacerse valer, contra todas las mezquindades del prejuicio, la correcta, es decir la valoración fisiológica de la así llamada muerte natural: la cual es en último término también «antinatural», un suicidio. Jamás se sucumbe por otro, sino por sí mismo. Pero la muerte bajo condiciones miserables es una muerte no libre, una muerte a destiempo, una muerte cobarde. Por amor a la vida se debería querer distinta a la muerte: libre, consciente, sin intervención del acaso, sin sorpresa... Finalmente, un consejo para los señores pesimistas y otros decadentes. No está en nuestra mano impedir nuestro propio nacimiento; pero podemos reparar ese error (ya que algunas veces es un error). Cuando un hombre se suprime, realiza el acto más digno de consideración: por él solo, casi merecería vivir... La sociedad, qué digo, la vida misma saca de esto más provecho que de cualquier vida llevada en la renuncia, en la anemia o en virtudes parecidas; los demás se han librado de vernos, se ha librado a la vida de una objeción... El pesimismo, *pur, vert*, se demuestra a sí mismo solo a través de la autonegación de los señores pesimistas: se debe dar un paso más en su lógica, y no negar la vida solamente como «voluntad y representación», como Schopenhauer hizo; se debe negar también a Schopenhauer mismo... El pesimismo, dicho sea de pasada, por contagioso que sea no aumenta la morbosidad de una época, de una generación en su conjunto: es su expresión. Se incurre en él como se incurre en el cólera: a partir de una disposición morbosa. El pesimismo, por sí, no crea decadencia, recuerdo el resultado de las estadísticas, según las cuales la cifra total de muertes no varía durante los años en que el cólera florece.

## 37

De si nos hemos vuelto más morales:

Contra mi noción «más allá del bien y del mal» se ha desatado, como era de esperar, toda la ferocidad de la estupidez moral que, como es sabido, se considera en Alemania como la moral misma; podría contar curiosas historias a este propósito. Ante todo, se me ha objetado la «innegable superioridad» de nuestra época en el juicio moral, el progreso moral alcanzado por nosotros en ese terreno: se dice que un César Borgia, comparado con nosotros, no puede ser presentado como un hombre «superior», como una especie de superhombre, como yo lo he hecho... Un redactor del diario suizo *Bund* fue tan lejos que, no sin expresar su estimación por el valor que yo he demostrado con mi audaz aserción, «comprendía» que el sentido de mi obra consistía en proponer con ella la supresión de todos los sentimientos decorosos. Le estoy muy agradecido. (En respuesta, me permito proponer la cuestión de si nosotros hemos llegado a ser realmente más morales. Que todo el mundo lo crea así es ya una objeción...) Nosotros, hombres modernos, delicados, susceptibles, nosotros, que concedemos a los demás tantas consideraciones, nos figuramos, efectivamente, que esta tierna humanidad que representamos, esta humanidad conseguida por la indulgencia, por el socorro mutuo, en la confianza recíproca, es un progreso positivo, y que por ello somos superiores a los hombres del Renacimiento. Pero cualquier época piensa así, debe pensar así. Cierto es que nosotros no podemos colocarnos, ni siquiera imaginarnos, en la situación del Renacimiento: nuestros nervios no soportarían aquella realidad, para no hablar de nuestros músculos. Pero esta incapacidad no es la demostración de un progreso, sino de una constitución diversa, más tardía, más débil, más delicada, más vulnerable, de la cual naturalmente nace una moral «rica en consideraciones». Si eliminamos con el pensamiento nuestra delicadeza y retraso, nuestra senilidad fisiológica, nuestra misma moral de la humanización perdería pronto todo su valor; en sí, ninguna moral tiene valor: nos inspiraría desprecio a nosotros mismos. Por otra parte, ni dudamos que nosotros los modernos, con nuestra humanidad bien debilitada, que no quiere tropezar en ninguna piedra, habríamos ofrecido a los contemporáneos de César Borgia una comedia sumamente ridícula. En realidad somos, sin quererlo, extraordinariamente ridículos con nuestras virtudes modernas... La disminución de nuestros instintos hostiles, que despiertan la desconfianza —y esto sería precisamente nuestro «progreso»— representa únicamente una de las consecuencias de la disminución general de la vitalidad: cuesta cien veces más trabajo, más prudencia, llevar una existencia tan condicionada y tardía como la nuestra.

Nos ayudamos recíprocamente, cada uno es hasta cierto punto enfermo y enfermero. Esto se llama luego «virtud»: entre hombres que conocieron otra vida más plena, más pródiga, más exuberante, se hubiera denominado quizá de otra manera; por ejemplo: vileza, miseria, moral de viejas...

La suavización de nuestras costumbres —esta es mi tesis, esta, si se quiere, mi innovación— es una consecuencia de la decadencia; la dureza y la ferocidad de las costumbres bien puede ser, por el contrario, la consecuencia de una superabundancia de vida. En este último caso queda aún mucho por arriesgar, mucho por acometer, mucho por despilfarrar. Lo que era en otro tiempo el aroma de la vida sería para nosotros, hoy en día, veneno. Ser indiferente —también esto es una forma de la fuerza— es para gente más joven y menos tardía: nuestra moral de la simpatía, contra la cual yo he sido el primero en ponerme en guardia y que constituye lo que podría llamarse el impresionismo moral, es una expresión más de la excitabilidad fisiológica propia de todo lo decadente. Aquel movimiento que con la moral de la compasión de Schopenhauer ha pretendido darse aires de científico —tentativa muy desgraciada— es el verdadero movimiento de decadencia en la moral y está, como tal, profundamente emparentado con la moral cristiana. Las épocas fuertes, las civilizaciones nobles ven en la compasión, en el «amor al prójimo», en la falta de personalidad y del sentimiento de la personalidad, algo despreciable. Las épocas se deben medir por sus fuerzas positivas, y, medida de este modo, la época del Renacimiento, tan dilapidadora y fatal, parece como la última gran época y nosotros los modernos, con nuestra angustiosa preocupación por nosotros mismos y con nuestro amor al prójimo, con nuestras virtudes de trabajo, de falta de pretensiones, de equidad y de cientificismo —nosotros, acumuladores económicos maquinales— somos de un tiempo débil... Nuestras virtudes están condicionadas, provocadas por nuestra debilidad... La «igualdad», una cierta aproximación en los hechos que la teoría de la «igualdad de derechos» expresa, pertenece fundamentalmente a la decadencia; el abismo entre hombre y hombre, entre clase y clase, la multiplicidad de los tipos, la voluntad de ser quien se es, de distinguirse, todo lo que yo llamo el *pathos* de la distancia, es propio de toda época fuerte. La fuerza de tensión, la amplitud de tensión entre los extremos se hace cada vez menor; los contrarios mismos terminan por esfumarse hasta identificarse... Todas nuestras teorías políticas y nuestras concepciones del Estado, sin exceptuar el «Imperio alemán», son consecuencias, efectos necesarios de la decadencia; un inadvertido aire de decadencia se ha introducido y se ha enseñoreado hasta de los ideales de las ciencias particulares. Mi objeción contra toda la sociología inglesa y francesa es la misma: que solo conoce por experiencia los productos de la decadencia de la sociedad y con perfecta ingenuidad toma sus propios instintos de decadencia como norma de la valoración sociológica. La vida declinante, la disminución de toda forma organizadora, esto es, separadora, creadora de abismos, subordinante y superordinante, en la sociología moderna se formula como ideal... Nuestros socialistas son decadentes, pero también Herbert Spencer es decadente: cree que la victoria del altruismo es deseable.

38

Mi concepto de libertad:

El valor de algo radica, no en lo que se obtiene, no en lo que ese algo nos permite alcanzar, sino en el precio que se paga por él. He aquí un ejemplo. Las instituciones liberales dejan de serlo en cuanto se ven realizadas: inmediatamente después de constituidas, dichas instituciones se transforman en el enemigo más fundamental y encarnizado de la libertad. Ya se sabe lo que aportan con su existencia: minan, corroen la voluntad de poder, son los niveladores de las montañas y valles morales; empequeñecen, envilecen, empalagan; con ellas triunfa siempre el animal gregario. Liberalismo: en alemán, política del rebaño. Pero dichas instituciones aportan, en tanto se lucha por ellas, efectos muy diferentes: estimulan de hecho la libertad de un modo poderoso. Viendo las cosas más de cerca, advertimos que es la guerra misma la que produce estos efectos, la lucha por las instituciones liberales, que precisamente por ser lucha hace perdurar los instintos liberales. La guerra educa para la libertad. Pues, ¿qué es la libertad? Tener la voluntad de la responsabilidad personal. Mantener con firmeza la distancia que separa unos hombres de otros. Ser indiferente a la fatiga, a la dureza, a la privación, hasta a la vida. Estar dispuestos a sacrificar hombres a la propia causa, sin excluirse uno mismo. Libertad significa que los instintos viriles, que se satisfacen mediante la guerra y la victoria, adquieren preponderancia sobre los demás instintos como, por ejemplo, sobre el instinto de felicidad. El hombre que se ha hecho libre, el espíritu que se ha hecho libre, pisotea las despreciables formas del bienestar que sueñan los mercachifles, los cristianos, las vacas, las mujeres, los ingleses y demás demócratas. El hombre libre es el guerrero. ¿Cuál es el criterio para medir la libertad, tanto en los hombres como en los pueblos? El de la oposición que debe ser vencida, el de la fatiga que cueste permanecer en la cúspide. Los hombres libérrimos deberían ser buscados allí donde constantemente es vencida la mayor resistencia: a cinco pasos de distancia de la tiranía, sobre el umbral del peligro de la esclavitud. Esto es psicológicamente verdadero en tanto aquí entendemos por «tiranos» los instintos implacables y terribles, que invocan contra sí el máximo de autoridad y de disciplina (Julio César es el mejor ejemplo); esto es también políticamente verdadero: basta con hacer un corto paseo por la historia. Los pueblos que tuvieron algún valor, no lo adquirieron bajo instituciones liberales: el gran peligro les enseñó a respetarse, el peligro que precisamente nos enseña a conocer los medios de que disponemos para defendernos, nuestras virtudes, nuestras armas, nuestro espíritu; el peligro que nos obliga a ser fuertes. Primera tesis fundamental: hay que tener necesidad de ser fuerte, de lo contrario no se es fuerte nunca. Los grandes hornos para los fuertes, para la especie más fuerte de hombres que se ha dado hasta hoy, las comunidades aristocráticas del tipo de Roma y Venecia, entienden la libertad en el mismo sentido en que yo entiendo esta palabra: como algo que el hombre tiene y no tiene, que el hombre quiere, que el hombre gana...

## 39

Crítica de la modernidad:

Nuestras instituciones ya no sirven: sobre esto estamos de acuerdo. Pero eso no depende de ellas sino de nosotros. Cuando nos han abandonado los instintos de que nacen las instituciones, nos abandonan las instituciones en general, porque no somos idóneos para ellas. El democratismo fue en todo tiempo la forma de la decadencia de la fuerza organizadora; en *Humano, demasiado humano* definí la democracia moderna —junto con sus medio hermanos como el Imperio alemán— como una forma de decadencia del Estado. Para que haya instituciones debe haber una especie de voluntad, de instintos, de imperativos antiliberales hasta la maldad: la voluntad de tradición, de autoridad, aun de responsabilidad ante los siglos futuros, de solidaridad de cadenas de generaciones en el futuro y en el pasado al infinito. Con esta voluntad se fundan cosas como el Imperio romano o Rusia, la única potencia que hoy en día tiene en su cuerpo la duración, de la que todavía se puede esperar alguna cosa; Rusia, que es la respuesta a la miserable subdivisión europea en pequeños Estados, y al nerviosismo europeo que con la fundación del Imperio alemán ha entrado en un período crítico... Todo Occidente carece ya de aquellos instintos de que nacen las instituciones, de que nace el porvenir; acaso nada repugna más a su espíritu moderno. Se vive para el hoy, rápido y sin responsabilidad; a esto se le llama «libertad». Lo que de las instituciones hace instituciones es odiado, despreciado, rechazado: nos creemos en peligro de una nueva esclavitud con solo pronunciar la palabra *autoridad*. Tan lejos llega la decadencia del instinto de valor de nuestros hombres políticos, de nuestros partidos políticos, que se prefiere instintivamente lo que descompone, lo que acelera el fin... De ello es prueba el matrimonio moderno. En el matrimonio moderno, visiblemente, ha llegado a faltar toda razón; pero esto no es una objeción contra el matrimonio, sino contra la modernidad. La razón del matrimonio radica en la responsabilidad jurídica del hombre exclusivamente: a través de ella adquiere peso, consistencia, mientras que hoy cojea de las dos piernas. La razón del matrimonio radica en su indisolubilidad de principio: esto le da una cualidad que liquida toda contingencia de sentimiento, pasión o momentaneidad. También reposa en la responsabilidad de las familias para la elección de los consortes. Como creciente indulgencia se ha ido basando el matrimonio en el amor; esto elimina su carácter institucional. Jamás de los jamases podrá una institución fundarse en las idiosincrasias, en las características personales; el matrimonio no puede basarse en el «amor», sino en el instinto sexual, en el instinto de posesión (mujer e hijos como propiedad), en la tendencia a dominar, que organiza en todos sus aspectos la pequeña forma de dominio llamada familia, que tiene necesidad de los hijos y herederos para conservar incluso fisiológicamente una cierta cantidad de poder adquirido, de influencia adquirida, de riqueza adquirida, para formar grandes deberes, solidaridades de instintos durante siglos. El matrimonio como institución comprende ya en sí la afirmación de la mayor y más duradera forma de organización; si la sociedad misma, considerada como un todo, no puede prestar garantía por sí misma hasta las más lejanas generaciones, el matrimonio en general no tiene sentido. El matrimonio moderno ha perdido su sentido: en consecuencia hay que eliminarlo.

## 40

La cuestión obrera:

La tontería, y en el fondo el embotamiento del instinto, que es hoy la causa de toda la tontería, radica en que se plantee en absoluto la cuestión obrera. Sobre ciertas cosas no se pregunta: primer imperativo del instinto. No me explico lo que se quiere hacer con el obrero europeo una vez que se le ha transformado en problema. Se encuentra demasiado bien como para no continuar, paso a paso, pidiendo aumentos de salario. Tiene, en última instancia, al gran número de su lado. Ya no hay esperanzas de que se consolide aquí un tipo de hombre modesto y que se baste a sí mismo, como el chino, por ejemplo: y esto hubiera sido razonable, ciertamente una necesidad. ¿Qué ha hecho el hombre en cambio? Lo posible por destruir en germen la premisa de aquel desarrollo, han sido destruidos totalmente los instintos en virtud de los cuales un obrero puede llegar a ser clase, puede llegar a ser él mismo; y se han destruido con irresponsable ligereza. Se ha hecho al obrero idóneo para el servicio militar, se le ha otorgado el derecho a la coalición, el sufragio político: ¿cómo puede maravillarnos que el obrero sienta hoy que su existencia es miserable (o, para hablar en términos morales, injusta)? Si se quiere un fin, deben quererse también los medios: si se quieren esclavos, es locura educarlos para dueños.

41

*Freiheit, die ich nicht meine...* (Libertad, que no considero como tal...):

En tales tiempos, como hoy, ser derrotado por los instintos es una fatalidad más. Contrariar los instintos, obstruirlos, despedazarlos unos contra otros; ya definí a la modernidad como la contradicción fisiológica de sí mismo. El propósito de la educación debería ser el de paralizar, a través de una fuerte presión, por lo menos uno de estos sistemas de instintos, para permitir a otro de ellos un fortalecimiento que lo transforme en dominante. Hoy en día, el individuo debería ser posible en tanto recortado; posible, es decir, completo... Sucede lo contrario: la aspiración a la independencia, al libre desarrollo, al *laisser aller*, es defendida del modo más caluroso por aquellos para quienes ningún freno es suficiente: esto vale en política, vale en arte. Pero es un síntoma de decadencia: nuestro concepto moderno de «libertad» es una prueba más de la atrofia de los instintos.

## 42

De cuándo la creencia es necesaria:

Nada es más escaso, entre los moralistas y los santos, que la probidad; tal vez ellos digan lo contrario; tal vez aun lo crean. Cuando, a saber, una creencia es más beneficiosa, efectiva y convincente que la hipocresía consciente, la hipocresía se vuelve por instinto inocencia: esta es la premisa para comprender a los grandes santos. También entre los filósofos, otra variedad de santos, el oficio trae consigo el que solo ciertas verdades son admitidas: aquellas, a saber, que su oficio puede sancionar abiertamente —con la jerga kantiana, verdades de la razón práctica—. Ellos saben perfectamente lo que deben probar; en esto son prácticos, y en esto se reconocen entre sí, en que están de acuerdo sobre las «verdades». «No debes mentir» se traduce por: guárdese, mi señor filósofo, de decir la verdad...

## 43

Dicho al oído de los conservadores:

Lo que antes no se sabía y que hoy se sabe, o

podría saberse, es que una educación regresiva, o un retroceso en cualquier sentido o grado no es posible en absoluto. Nosotros los fisiólogos lo sabemos. Pero todos los clérigos y moralistas han creído que querían llevar a la humanidad de retorno a un estado de virtud primigenia. La moral fue siempre un lecho de Procusto. Los mismos políticos han hecho el juego a los predicadores de virtud: también hoy existen partidos que sueñan con dar a todas las cosas la marcha del cangrejo. Pero no está en el poder de nadie ser cangrejo. No sirve para nada: se debe seguir hacia delante, paso a paso hacia la decadencia (esta es mi definición del «progreso» moderno...). Se puede estorbar este desarrollo, y al dificultarlo detener la degeneración misma, concentrarla, hacerla más vehemente y más brusca; más no se puede hacer.

## 44

Mi concepto de genio:

Los grandes hombres, como las grandes épocas, son material explosivo en que hay acumulada una fuerza enorme; su presupuesto es siempre, histórica y fisiológicamente, que durante mucho tiempo se haya acumulado sobre ellos, se haya ahorrado, conservado, que durante mucho tiempo, con anterioridad a ellos, no haya habido ninguna explosión. Si la tensión en la masa es demasiado grande, basta el estímulo más accidental para que surja el «genio», la «acción», el gran destino. Poco importa el medio ambiente, la época, el «espíritu del tiempo», la «opinión pública».

Tómese el caso de Napoleón. La Francia de la Revolución, y aún más la prerrevolucionaria, hubiera imaginado, deseado, el tipo opuesto al de Napoleón, y en realidad lo creó. Y por el hecho de ser Napoleón otra cosa, el heredero de una civilización más antigua, más fuerte, de mayor trayectoria que aquella que en Francia saltaba en pedazos, Napoleón se hizo el amo, el único amo. Los grandes hombres son necesarios; la época en que aparecen, fortuita; si casi siempre se adueñan de la época, ello depende del hecho de que son más fuertes, más antiguos, que han acumulado fuerzas por más tiempo. Entre un genio y su época existe una relación como de fuerte a débil, o de viejo a joven: la época es siempre relativamente más joven, más delgada, más «menor de edad», más insegura, más infantil. El hecho de que hoy en Francia se piense de modo muy diferente (también en Alemania, pero no importa), que allí la teoría del *milieu*, una verdadera teoría para neuróticos, se haya vuelto sacrosanta y considerada casi científica, en la que aun los fisiólogos creen, nada de eso huele bien, todo eso provoca tristes pensamientos. Tampoco en Inglaterra las cosas se ven de otro modo, pero aquí nadie se engaña. Para los ingleses hay dos caminos abiertos, en cuanto a la inteligencia de los «grandes hombres» se refiere: o bien la vía democrática al modo de Buckle, o religiosa, al modo de Carlyle. El peligro que los grandes hombres o grandes épocas traen consigo es el de agotamiento de todo tipo, de la esterilidad que les sigue los pasos. El gran hombre es un fin, una culminación; también lo son las grandes épocas: el Renacimiento, por ejemplo. El genio (en obras, en hechos) es necesariamente un dilapidador: el hecho de que se derroche es la medida de su grandeza... El instinto de autoconservación queda como suspendido; la arrolladora presión de las fuerzas surgentes impide cualquier precaución y prudencia. A esto se llama «sacrificio»; se llama «heroísmo» a la indiferencia hacia el bien propio, a la donación a una idea, algo grande, una patria; todos malentendidos... El genio irrumpe, surge, se consume y no se ahorra, con fatalidad, necesariamente, voluntariamente, como involuntario es el desbordamiento de un río. Pero como se debe mucho a dichos explosivos, la humanidad los ha obsequiado también con mucho, por ejemplo una alta moral... Este es el modo del agradecimiento humano: malentiende a sus benefactores.

## 45

El delincuente y lo que se relaciona con él:

El delincuente-tipo es el hombre fuerte que se encuentra en condiciones desfavorables, es un hombre fuerte que ha enfermado. Le falta un país salvaje, una cierta naturaleza y forma de existencia más libre y peligrosa, donde tenga existencia legal todo lo que es arma y defensa del instinto del hombre fuerte. Sus virtudes están condenadas por la sociedad; sus instintos más vivaces se desarrollan juntamente con las emociones deprimentes, con la sospecha, con el miedo, con el deshonor. Pero esta es casi la fórmula de la degeneración fisiológica. El que tiene que desarrollar secretamente sus actividades favoritas, en tensión de largo aliento, prudencia, astucia, se vuelve en definitiva anémico; y como lo único que recoge son peligros, persecuciones, desventuras, sus mismos sentimientos se vuelven contra sus instintos, los experimenta de un modo fatalista. En la sociedad, en nuestra dócil, mediocre, castrada sociedad, un hombre natural, sencillo, que llega de la montaña o vuelve de correr aventuras por el mar, degenera necesariamente en criminal, o casi necesariamente, porque hay casos en que tal hombre se muestra más fuerte que la sociedad: el corso Napoleón es el ejemplo más célebre. Para el problema que aquí se presenta tiene importancia el testimonio de Dostoievski, el único psicólogo, dicho sea de pasada, del cual yo podría aprender algo: es uno de los más afortunados casos de mi vida, aún mejor que el descubrimiento de Stendhal. Este hombre profundo, que tuvo diez veces razón para estimar poco a los superficiales alemanes, recibió impresiones más diversas de las que esperaba de parte de los forzados en los presidios siberianos, con los cuales vivió mucho tiempo; verdaderos delincuentes graves, para los que estaba cerrado todo nuevo acceso en la sociedad, le hicieron la impresión de estar tallados en la madera más preciosa y más dura que crece en el suelo ruso. Generalicemos el caso del delincuente: pensemos en individuos que, por cualquier motivo, les falta la aprobación pública, que saben que no son considerados como beneficiosos ni útiles, que experimentan el sentimiento propio del Tschandala de no ser considerados como semejantes, sino como seres despreciables, indignos, como gentes cuyo contacto mancha. Todos los seres de esta clase tienen en sus pensamientos y en sus acciones el color del subterráneo; en ellos todo es más pálido que en aquellos que viven a la luz del día. Pero casi todas las formas que hoy honramos vivieron en otro tiempo en esta media luz sepulcral: el científico, el artista, el espíritu libre, el comediante, el mercader, el gran descubridor... Mientras el sacerdote era considerado como el hombre superior, todos los hombres de especie superior estaban desvalorizados. Pronto llegará el tiempo —soy yo quien lo asegura— en que el sacerdote será considerado la especie más baja, como el Tschandala, como el tipo más embustero e indecente de los hombres. Llamo la atención sobre el hecho de que aún hoy, bajo el imperio de las más suaves costumbres que han reinado sobre la tierra, por lo menos en Europa, todo apartamiento, toda permanencia dilatada, demasiado dilatada en el silencio, toda forma de existencia excepcional e impenetrable, se acerca a aquel tipo que llamamos delincuente. Todos los innovadores del espíritu llevaron por algún tiempo sobre la frente el pálido y fatal signo del Tschandala, no porque fueran considerados tales, sino porque ellos mismos sentían qué terrible abismo les separaba de todo lo tradicional, de todo lo que recibe honores. Casi todos los genios conocen como uno de sus desarrollos la «existencia catilinaria», un sentimiento de odio, de venganza y de rebelión contra todo lo que es, contra todo lo que está fijado... Catilina es la forma preexistente de todo César...

## 46

Aquí la perspectiva es libre:

El silencio de un filósofo puede ser índice de grandeza de espíritu; sus contradicciones, de amor; sus mentiras, de cortesía. No sin agudeza se ha dicho: *il est indigne des grands cœurs de répandre le trouble qu'ils ressentent*; debe agregarse tan solo que el no tener miedo de las cosas indignas puede ser igualmente grandeza de ánimo. Una mujer que ama sacrifica su honra, un sabio que «ama» sacrifica tal vez su humanidad, un Dios, que amó, se volvió judío...

## 47

La belleza no es fortuita:

La belleza de una raza o de una familia, su gracia y bondad en todos los ademanes y gestos, es adquirida: como el genio, es el resultado final del trabajo acumulado de generaciones. Hay que haber hecho grandes sacrificios en favor del buen gusto; por amor de este se deben haber hecho muchas cosas y dejado otras tantas por hacer (el siglo XVII en Francia fue admirable en los dos sentidos); hay que hacer del gusto un principio selectivo en cuanto al medio ambiente, el lugar, la indumentaria, las satisfacciones sexuales, hay que preferir la belleza al lucro, a los hábitos, a la opinión, a la holgazanería. Regla suprema: ser riguroso consigo mismo. Las cosas buenas son enormemente costosas, y siempre es aplicable la ley de que el que las posee es distinto del que las adquiere. Todo lo bueno es herencia: lo que no es heredado, no es perfecto, es apenas privilegio... En Atenas, en la época de Cicerón, que expresa su asombro, eran los jóvenes y los hombres, con mucho, superiores a las mujeres en belleza: pero qué trabajo y esfuerzo al servicio de la belleza había llevado a cabo el sexo masculino desde siglos antes. No hay que engañarse aquí en cuanto a la metodología: el cultivar meros sentimientos o ideas no es nada, o casi nada (este es el gran error de la educación alemana): ante todo, hay que persuadir al cuerpo. El severo mantenimiento de gestos significativos, elegidos, el obligarse a vivir solo con hombres que no se dejan estar, es suficiente para volverse significativo y selecto; en dos o tres generaciones, el resto habrá quedado «interiorizado». Es de importancia decisiva, en cuanto al destino de los pueblos y de la humanidad, que la cultura sea comenzada en el lugar debido —no en el «alma» (como la funesta superstición de clérigos y semiclérigos podría llevar a pensar): el lugar preciso es el cuerpo, el gesto, la dieta, la fisiología, el resto es consecuencia—. Los griegos fueron el primer acontecimiento cultural de la historia: ellos supieron e hicieron lo que era necesario; el cristianismo, que desdeñó el cuerpo, fue hasta ahora la mayor desgracia para la humanidad.

## 48

Progreso en mi sentido:

También yo hablo de «retorno a la naturaleza»,

aunque de todos modos no se trata de un regreso, sino de una ascensión hacia un nivel de libre aunque terrible naturaleza y naturalidad, tal que juegue con los grandes deberes, que deba jugar... Me ayudaré de un símil: Napoleón fue un fragmento de dicho «retorno a la naturaleza» tal como yo lo entiendo (*in rebus tacticis*, por ejemplo, y más aún, como saben los militares, en las estratégicas). Pero Rousseau, ¿adónde quiso realmente retornar? Rousseau, el primer moderno, idealista y canalla en uno; que necesitó de los «valores» morales para cubrir su propio aspecto, enfermo de susceptibilidad desmedida y desmedida egolatría. También ese aborto, que hay que situar al comienzo de los tiempos modernos, pretendía «volver a la naturaleza». ¿Adónde, pregunto de nuevo, quería regresar Rousseau? Odio a Rousseau aun en el período de la Revolución; es la expresión mundial de la doblez: idealista y canalla. La farsa sangrienta que jugó tal Revolución, su «inmoralidad» me importan poco: lo que odio es su moralidad rousseauniana, las así llamadas «verdades» de la Revolución, con las cuales todavía se maneja transformando todo lo que toca en chato y mediocre. ¡La doctrina de la igualdad!... No existe veneno más venenoso: pues parece predicada por la rectitud misma, cuando no es otra cosa sino el fin de la honradez... «Los iguales, los desiguales»: tal sería la verdadera doctrina de la honradez; y su consecuencia: «Jamás igualar lo desigual». Del hecho de que en torno a la igualdad se desarrollaron tantas horribles y sangrientas escenas, adquirió tal idea moderna una especie de aureola resplandeciente, de modo que la Revolución seduce como espectáculo aun a los espíritus más nobles. Esta no es una razón para estimarla más. Solo conozco un hombre que la estimara como debe ser estimada, es decir, con náuseas: Goethe.

## 49

Goethe:

No es un evento alemán, sino europeo. Es una magnífica tentativa por superar al siglo XVIII mediante una vuelta a la naturaleza, mediante un ascender a la naturaleza del Renacimiento; con él, nuestro siglo se ha superado a sí mismo. Goethe traía consigo estos fortísimos instintos: la sensibilidad, la idolatría por la naturaleza, lo antihistórico, lo idealista, lo irreal y revolucionario (al fin una forma de lo irreal). La historia, las ciencias naturales, la antigüedad, el mismo Spinoza le sirvieron de ayuda, y, sobre todo, la actividad práctica; se circundó de horizontes evidentemente cerrados, no se separó de la vida, sino que se introdujo en ella; no era pusilánime, y tomó sobre sí todo lo que le fue posible. Quiso la totalidad, luchó contra la separación del entendimiento, sensibilidad, emoción y voluntad (predicada por Kant del modo más escolástico, en sus antípodas); se disciplinó para la totalidad, se hizo a sí mismo... Goethe era, en una época de concepciones irreales, un convencido realista: dijo que sí a todo lo que se relacionaba con él; no tuvo experiencia más intensa que la de aquel *ens realissimum* llamado Napoleón.

Goethe concibió un hombre fuerte, de gran cultura, hábil para todas las cosas del cuerpo, teniendo perfecto dominio de sí mismo, perfecto respeto de sí mismo; un hombre que osase concederse toda la amplitud y riqueza del mundo natural; el hombre tolerante no por debilidad sino por fuerza, porque sabe usar en provecho propio aquello que aniquilaría una naturaleza mediocre; el hombre para el cual no hay nada prohibido a no ser la debilidad, que se sitúa con un fatalismo gozoso y confiado en medio de todo, con la creencia de que solo las cosas aisladas son reprobables, que todo se resuelve y afirma en el todo: no niega nunca. Pero semejante fe es la más alta de todas las fes posibles: yo le bautizo con el nombre de Dioniso.

## 50

Se podría decir, en cierto sentido, que el siglo XVII se esforzó en pro de lo que Goethe tuvo por ideal personal: una universalidad en la comprensión, un dejar venir a sí las cosas, un realismo temerario, el respeto de todo lo que es efectivo. ¿Cómo es que el resultado final no es Goethe, sino un caos, un suspiro nihilista, una contusión, un instinto de agotamiento que recorren el siglo XVIII? (Por ejemplo, la sentimentalidad romántica, el altruismo y la hipersensibilidad, el feminismo en el gusto, el socialismo en lo político.) ¿No es el siglo XIX, al menos en su final, la simple fortificación, más grosera, de un siglo de decadencia? ¿Habrá sido Goethe, no solo para Alemania sino para toda Europa, tan solo un accidente, una bella inutilidad? Pero no se reconocen los grandes hombres si se los observa meramente desde el punto de vista de su utilidad pública. Que ningún beneficio pueda sacarse de ellos es tal vez un rasgo esencial de los hombres de genio...

## 51

Goethe es el último alemán por el que siento respeto: encontró tres cosas que yo también he encontrado (y aun sobre la «cruz» nos entendemos...). Se me pregunta frecuentemente por qué escribo en alemán: en ningún lugar podré ser peor leído que en la patria. Pero ¿quién puede afirmar que yo desee ser leído hoy? Crear cosas contra las cuales el tiempo en vano pruebe sus dientes; esforzarme, a través de la forma y la sustancia, en conquistar una pequeña inmortalidad: jamás fui suficientemente modesto como para pedir de mí algo menos. El aforismo, la sentencia con respecto a los cuales soy el primero entre los maestros alemanes, son las formas de la «eternidad»; mi propósito es decir en diez frases lo que otro dice en un libro, o lo que cualquier otro no llega a decir en ningún libro... He dado a la humanidad su libro más profundo, mi *Zarathustra*: dentro de poco le daré el más independiente.

## Lo que debo a los antiguos

### 1

Para terminar, una palabra sobre aquel mundo para el cual he buscado el acceso, del cual tal vez he encontrado un nuevo acceso: el mundo de la Antigüedad. Mi criterio, que es lo contrario de un criterio tolerante, está aquí lejos de aprobar en bloque: jamás dice que sí de buen grado, preferentemente dice que no, pero de todo corazón no dice nada en absoluto... Esto vale con respecto a las culturas, con respecto a libros, también con respecto a lugares o paisajes. En el fondo, solo hay un muy pequeño número de libros antiguos que cuenten en mi vida; los más conocidos no están entre ellos. Mi sentido del estilo, del epigrama como estilo, se despertó casi instantáneamente al encuentro de Salustio. No olvido el asombro de mi venerado profesor Corssen cuando tuvo que dar la mejor calificación a su peor alumno de latín: de un golpe aprendí. Concentrado, fuerte, con tanta sustancia como fuera posible en el fondo, una fría hostilidad hacia la «bella palabra» y también el «bello sentimiento»; todo esto me entusiasmó. En mi estilo se puede reconocer, aun en el *Zarathustra*, una ambición muy seria de estilo romano, de *aere perennius*. Mi primer encuentro con Horacio tuvo también un efecto similar. Hasta hoy, ningún poeta me ha producido el placer estético que me produjo la lectura de una oda de Horacio. En ciertos lenguajes no puede ni siquiera pretenderse lo que aquí se ha logrado. Este mosaico de palabras, donde cada palabra como sonido, como lugar, como concepto expande su fuerza a derecha e izquierda y sobre el todo; este mínimo en cuanto al ámbito y número de los signos a través del cual se obtiene un máximo en la energía de los trazos; todo esto es romano y, si se me ha de creer, ejemplar por excelencia. El resto de la poesía se vuelve, por contraste, demasiado popular, una simple catarata sentimental.

## 2

A los griegos no debo ninguna impresión de fuerza análoga; y, para decirlo directamente, ellos no pueden significar para nosotros lo que los romanos. No se aprende de los griegos; su arte nos es extraño; es además demasiado fluido, para que su influencia sea demasiado imperativa o «clásica». ¿Quién ha aprendido a escribir a través de un griego? ¿Y quién ha aprendido sin los romanos? No se me objete con Platón. Con respecto a él soy profundamente escéptico, y no me he encontrado nunca en situación de consentir en la admiración de Platón artista, admiración tradicional entre los doctos. Por último, en este punto tengo de parte mía el juicio de los jueces más refinados del gusto en la antigüedad. Creo que Platón mezcla todas las formas del estilo; es de este modo el primer decadente del estilo, tiene algo de los cínicos, que inventaron la sátira menipea. Que el diálogo platónico, este género de dialéctica terriblemente fatua y pueril, pueda aceptarse, implica no conocer los buenos escritores franceses: Fontenelle, por ejemplo. Platón es aburrido. Finalmente, mi desconfianza con respecto a Platón llega hasta el fondo: lo encuentro tan apartado de los instintos fundamentales de los griegos, tan moralizado y cristianizado antes del cristianismo (eleva la idea de bien a idea suprema), que para designar todo el fenómeno platónico yo emplearía, mejor que cualquier otra, la dura expresión «mixtificación superior» o, ya que se oye con más agrado, idealismo. Se pagó caro el hecho de que este ateniense hubiera frecuentado las escuelas de los egipcios (¿o de los judíos egipcios?).

Con respecto a la gran desgracia del cristianismo, Platón es la figura equívoca y hechicera, que a través del ideal hizo que las nobles naturalezas de la antigüedad se desconocieran a sí mismas y pisaran la tabla que conduce «a la cruz». ¡Y cuánto de Platón hay en el concepto de «iglesia», en la construcción, en el sistema y en la praxis de la iglesia! Mi salvación, mi preferencia, mi cura de todo platonismo fue en aquel tiempo Tucídides. Tucídides y, tal vez, el *Príncipe* de Maquiavelo se han ligado a mí a través de la voluntad incondicionada de no admitir prejuicios y ver la razón en la realidad; no en el «entendimiento», todavía menos en la «moral»... Nadie como Tucídides nos cura de aquel lamentable optimismo que el joven de instrucción clásica lleva a la vida como premio de su cultura liceal. Hay que deletrearlo línea por línea y leer sus pensamientos más recónditos: pocos pensadores hay tan ricos en sentidos implícitos. Con él la cultura de los sofistas, es decir de los realistas, llega a su completa expresión. La filosofía griega puede ser considerada como la decadencia del instinto griego; Tucídides, como la última revelación de aquella fuerte, severa, dura objetividad que había en el instinto de los antiguos griegos. El estado de ánimo frente a la realidad distingue entre sí a hombres como Tucídides y Platón. Platón es un cobarde frente a la realidad: en consecuencia se refugia en el ideal; Tucídides ve la fuerza de la realidad: en consecuencia, mantiene las cosas en la fuerza...

3

En los griegos se han visto «bellas almas», «medianías áureas» y otras perfecciones; se ha admirado en ellos la calma en la grandeza, el sentimiento del ideal, la alta sencillez (alta sencillez que es, a fin de cuentas, una tontería alemana). De todo eso me he salvado gracias al psicólogo que hay en mí. Pude observar sus instintos más fuertes, su voluntad de poder; los vi temblar frente a la fuerza ilimitada de este impulso, vi crecer todas sus instituciones como regulaciones protectoras, para asegurarse unos a otros frente al material explosivo que amenazaba desde su interior. La enorme atención se descargaba entonces en enemistades externas, terribles y privadas de todo freno: las ciudades se despedazaban entre sí a fin de que los ciudadanos, en cada una de ellas, encontraran la paz consigo mismos. Era necesario ser fuerte: el peligro se agitaba, próximo. La fantástica agilidad corporal, su audaz realismo e inmoralismo fueron una necesidad, no una «naturaleza». Vinieron en consecuencia, no existían al principio. Y con fiestas y artes se buscó también el sentirse en la altura y mostrarse en la altura: fueron medios de honrarse a sí mismos; en ciertos casos, de aterrarse a sí mismos... Juzgar a los griegos según sus filósofos; servirse, por ejemplo, de las ingenuidades de la escuela socrática para sacar conclusiones acerca del ser fundamental de los griegos: estas son las manías alemanas. Los filósofos son los decadentes del helenismo, el movimiento contrario a la tendencia antigua y noble (contrario por lo tanto al instinto agonal, a la polis, al valor de la raza, a la autoridad de la tradición). Las virtudes socráticas fueron predicadas porque eran las que los griegos, en ese momento, tenían al alcance de la mano: se habían vuelto irritables, miedosos, inconstantes, en una palabra, comediantes; tenían por lo tanto un motivo para dejarse predicar la moral. No es que esto sirviera para algo; pero las grandes palabras y actitudes sientan muy bien a los decadentes...

## 4

Yo he sido el primero que, para comprender el antiguo instinto de los griegos, rico y desbordante, haya tomado en serio aquel fenómeno maravilloso que lleva el nombre de Dioniso: solo es concebible como un exceso de fuerza. Quien, como Jakob Burckhardt, que hoy vive en Basilea, sea un profundo conocedor de los griegos, sabrá medir el valor de mi aportación: Burckhardt agregó a su *Civilización de los griegos* un capítulo correspondiente al fenómeno nombrado. Si se quiere contemplar lo contrario, considérese la casi hilarante pobreza de instinto de los filólogos alemanes confrontados a Dioniso. El famoso Lobeck, por ejemplo —que con la venerable seguridad de un gusano disecado entre libros se introduce en este mundo misterioso de estados de ánimo y se persuade de que es científico por mostrarse ligero y pueril hasta la náusea—, con todo el despliegue de su erudición ha hecho saber que todas estas curiosidades están vacías de contenido. De hecho, los sacerdotes de estas orgías podrían haber comunicado a los participantes algo no necesariamente desprovisto de valor: que el vino despierta el placer, por ejemplo, o que el hombre, bajo ciertas circunstancias, puede vivir de frutos, o que las plantas florecen en primavera y se marchitan en el otoño. Por lo que se refiere a aquella extraña riqueza de ritos, de símbolos y mitos de origen orgiástico de que se ve materialmente invadido el mundo antiguo, Lobeck encuentra en ella ocasión para mostrarse aún más ingenioso. «Los griegos —dice (*Aglaopha-*

*mus*, I, 672)— cuando no tenían otra cosa que hacer reían, saltaban o, como quiera que el hombre encuentra también placer en ello, se sentaban, gemían y lloraban. Otros acudían más tarde y buscaban algún motivo para este extraño juego; y así surgieron, para explicar aquellos usos, innumerables leyendas y mitos. Por otra parte, se creía que aquellos gestos burlescos, que se verificaban en los días de fiesta, pertenecían también necesariamente a la solemnidad festiva, y fueron condenados como una parte indispensable del culto.» Esto no es más que charlatanería irrelevante; a la especie de los Lobeck no se la puede tomar ni por un momento en serio. De un modo completamente diferente nos ocupa el examen del concepto de griego elaborado por Goethe y Winckelman, el cual resulta sin embargo incompatible con aquellos elementos de los que surge el arte dionisíaco: con lo orgánico, con lo orgiástico. De hecho, no dudo de que Goethe haya excluido fundamentalmente tal posibilidad de su concepción del alma griega. En consecuencia, Goethe no entendió a los griegos. Ya que en los misterios dionisíacos en primer lugar, en la psicología del estado dionisíaco, se revela el rasgo fundamental del instinto de los griegos: su «voluntad de vivir». ¿Qué es lo que se aseguraba el heleno mediante esos misterios? La vida eterna, el eterno retorno de la vida; el futuro consagrado y prometido en lo que pasa y decae; el sí triunfal a la vida por sobre la muerte y el cambio; la verdadera vida como el proceso total del vivir a través de la generación de los misterios de la sexualidad. Para los griegos era el símbolo sexual el símbolo venerable en sí, el auténtico sentido profundo dentro de toda la religiosidad antigua. Cada detalle en el acto de la generación, del embarazo, del nacimiento, despertaba los sentimientos más elevados y festivos. En la enseñanza de los misterios el dolor se santifica: los «dolores de la parturienta» santifican al dolor en general; todo devenir y crecer, todo lo que garantiza el porvenir tiene por condición el dolor... Para que exista el eterno placer del crear, para que la voluntad de vivir se afirme eternamente, debe existir también eternamente el «dolor de la parturienta»... Todo esto significa la palabra *Dioniso*: no conozco simbolismo más elevado que este simbolismo griego, el de Dioniso. En él se arraiga el más profundo instinto de la vida, el del futuro de la vida, el de la eternidad de la vida, experimentado religiosamente: el camino mismo a la vida, el alumbramiento, es el camino sagrado... Solo el cristianismo, con su básico resentimiento hacia la vida, ha hecho de la sexualidad algo impuro: cubrió de mugre el principio, la premisa de nuestra vida...

## 5

La psicología de lo orgiástico como un desborde del sentimiento vital y de fuerza, dentro del cual el dolor actúa como estimulante, me dio la clave para mi concepto del sentimiento trágico, que ha sido malentendido tanto por Aristóteles como, en particular, por nuestros pesimistas. La tragedia está tan lejos de probar el pesimismo de los helenos en el sentido de

Schopenhauer, que más bien vale como su decisivo rechazo, como la instancia opuesta. El afirmar la vida, aun en sus problemas más extraños y duros, la voluntad de vivir que, en sacrificio a sus tipos más altos, se alegra de su propia inagotabilidad, esto lo llamo yo dionisíaco y lo adivino como el puente hacia la psicología del poeta trágico. No para librarse del terror y de la compasión, no para purificarse de un afecto peligroso a través de una vehemente descarga —así lo entendió Aristóteles—: sino para, por sobre el terror y la compasión, ser uno mismo la eterna alegría del devenir —alegría que incluye también la alegría del aniquilamiento—. Y de este modo regreso al lugar del que partí una vez; el *Origen de la tragedia* fue mi primera trasmutación de todos los valores: de este modo regreso al fundamento en el cual se origina mi voluntad y mi poder; yo, último discípulo del Dioniso filósofo; yo, maestro del eterno retorno...

## HABLA EL MARTILLO

«¿Por qué tan duro? —preguntó al diamante el carbón de cocina—, ¿no somos acaso parientes próximos?»

¿Por qué tan blandos? ¡Oh, mis hermanos!, también os pregunto: ¿o acaso no sois mis hermanos?

¿Por qué tan blandos, tan ablandados y condescendientes? ¿Por qué hay tanta negación, tanto repudio en vuestros corazones? ¿Por qué tan poca necesidad en vuestra mirada?

Si no queréis ser necesarios e implacables, ¿cómo podréis vencer conmigo?

Y si vuestra dureza no quiere relampaguear, y dividir, y destrozar, ¿cómo podréis crear conmigo?

Todos los creadores son duros. Para vosotros, la imagen de la felicidad debe ser apretar la mano sobre los siglos como sobre cera; felicidad, escribir sobre la voluntad de los siglos como sobre bronce, más duro que bronce, más noble que el bronce. Lo más noble es lo completamente duro.

Esta nueva tabla, mis hermanos, pongo sobre vosotros: sed duros.

*Así habló Zarathustra*

## Cronología

1844: Nacimiento de Friedrich Wilhelm Nietzsche, el 13 de octubre, en Röcken, Prusia, en una familia de pastores luteranos.

1848: Muerte accidental de su padre; después, de su hermano menor.

1858: Ingresa en la escuela de Pforta.

1864: Decide no hacerse pastor. Ingresa en la Universidad de Bonn.

1865: Ingresa en la Universidad de Leipzig. Lee a Schopenhauer. Amistad con Erwin Rohde.

1867: Incorporado a la armada, es reenviado a su casa después de una caída de caballo.

1869: Es nombrado profesor de filología griega en la Universidad de Basilea. Se hace amigo de Richard Wagner y Cosima, la hija de Liszt, que viven a la orilla del lago de los Cuatro Cantones.

1870: Enfermero voluntario en la guerra franco-prusiana. Regresa enfermo a Basilea.

1871: Termina de redactar *El nacimiento de la tragedia*, que aparece en enero de 1872.
1873: Parte a Italia con Alfred Brenner y Paul Rée. Estancia en Sorrento en casa de Malwida von Meysenburg. Ruptura con Wagner. Primeras *Consideraciones intempestivas.*
1878: *Humano, demasiado humano.*
1879: Cae enfermo; comienza una vida errante.
1880: *El viajero y su sombra.* Vive algún tiempo en Venecia con su amigo, el músico Peter Gast. *Aurora* (con el subtítulo *La sombra de Venecia*).
1881: Primera estancia en Engadina. Visión del eterno retorno.
1882: *La gaya ciencia*: encuentro con Lou Salomé, de la que se enamora.
1882-1883: Estancia en Rapallo. Visión de *Zarathustra.*
1883: Estancia en Niza. Primera parte de *Así habló Zarathustra*, publicado en junio. En junio-julio, redacción del segundo libro, en Sils Maria. Muerte de Wagner.
1884: En Niza; tercera parte de *Así habló Zarathustra.*
1885: En Niza; redacción de la última parte de *Así habló Zarathustra*, tirada de 40 ejemplares.
1886: *Más allá del bien y del mal.*
1887: *Genealogía de la moral.*
1888: Estancia en Turín.
*El caso Wagner.*
*El ocaso de los ídolos.*
*El Anticristo.*
*Ecce Homo.*

1889: Crisis de demencia en Turín. Es llevado a Basilea, víctima de una parálisis general, y luego internado en una casa de salud en Jena. Su hermana, Elisabeth Förster-Nietzsche, lo acoge a continuación en Weimar.

1900: Muere el 25 de agosto sin haber recobrado la lucidez. A partir de 1884, Nietzsche ha acumulado notas para una obra que no podría acabar, que han sido compendiadas bajo el título *La voluntad de poder.*

**TÍTULOS DE LA COLECCIÓN AUSTRAL SABIDURÍA:**

*Sobre la amistad*, Aristóteles

*Autoconfianza y otros ensayos*, Ralph Waldo Emerson

*Manual de vida*, Epicteto

*Tao Te Ching*, Lao-Tse

*Meditaciones*, Marco Aurelio

*Ética para cada día*, Marco Tulio Cicerón

*El ocaso de los ídolos*, Friedrich Nietzsche

*El banquete o sobre el amor*, Platón

*Sobre la felicidad y la brevedad de la vida*, Séneca

*El arte de la guerra*, Sun Tzu

*Breviario para ciudadanos libres*, Henry D. Thoreau